بسم الله الرحمن الرحيم

DİYANET İŞLERİ BAŞKANLIĞI YAYINLARI - 1487
AHLÂK KİTAPLARI : 1

Genel Koordinatör
Prof. Dr. Huriye MARTI

Yayın Yönetmeni
Dr. Fatih KURT

Koordinasyon
Bünyamin KAHRAMAN

Editör
Prof. Dr. Muhammet Şevki AYDIN

Yazar
Prof. Dr. Cafer Sadık YARAN

Tashih
Ramazan ÖZALPDEMİR

Grafik & Tasarım
Emre YILDIZ
Mücella TEKİN

Kapak Tasarım
Onur DEMİRBAŞ

3. Baskı, Ankara 2019

ISBN 978-975-19-7012-1
2019-06-Y-0003-1487
Sertifika No: 12930

Baskı
Aktaş Ofset Matbaacılık
Tel: (0 312) 341 56 26

Din İşleri Yüksek Kurulu Kararı: 27.12.2017/44

İletişim
Dini Yayınlar Genel Müdürlüğü
Basılı Yayınlar Daire Başkanlığı
Tel: (0 312) 295 72 93 - 94
Faks: (0 312) 284 72 88
e-posta: diniyayinlar@diyanet.gov.tr

Dağıtım ve Satış
Döner Sermaye İşletme Müdürlüğü
Tel: (0.312) 295 71 53 - 295 71 56
Faks: (0.312) 285 18 54
e-posta: dosim@diyanet.gov.tr

MÜSLÜMANIN EDİNMESİ GEREKEN

AHLÂKİ ERDEMLER

DİB YAYINLARI

İÇİNDEKİLER

EDİTÖRÜN NOTU

Peygamber olarak gönderiliş amacını "Ahlaki güzellikleri tamamlamak" şeklinde açıklayan (Buharî, Edebu'l-Mufred, 104) Rasulullah Efendimiz (s.a.s.) şöyle buyuruyor: "Müminlerin iman bakımından en olgunu, ahlakı en güzel olanıdır." (Buharî, Edeb, 39; Tirmizî, Birr, 47. Ayrıca bk. Ebû Davud, 14.) Bu hadis-i şerifle İslam'ın bütünü içinde ahlaka merkezî bir konum biçilmekte ve ahlakın mahiyetine, boyutlarına ilişkin önemli ipuçları verilmekte ve ahlak, dindarlığın kalite düzeyinin ölçütü olarak takdim edilmektedir. İslam'da bilinçle yerine getirilen namaz, oruç gibi ibadetler sayesinde bireyin güzel ahlak kazanacağı, ahlaksızlıklardan uzaklaşacağı öngörülmektedir (Mesela bk. 29/Ankebut: 45; 2/Bakara: 183). Buna göre ahlaki içerikten yoksun bir dindarlık, anlamını/özünü yitirmiş bir yaşantı kalıbına dönüşür. İslamî kimlik tasavvuru, müminin varlık bütünlüğünü ve bu bütünlük içinde tam bir tutarlılığı öngörmektedir. Özüyle sözü çelişenler, "kalplerinde olmayan şeyleri ağızlarıyla söyleyenler" eleştirildiği gibi (48/Fetih: 11), sözüyle ameli bağdaşmayanlar da yerilmektedir: ***"Ey iman edenler! Yapmadığınız şeyleri niçin söylersiniz? Yapmadığınız şeyleri söylemeniz, Allah katında çok büyük bir gazaba sebep olmaktadır."*** (61/Saf: 2-3) Müslümandan beklenen şey, ahlaklı olmak; yani özüyle, sözüyle ve eylemleriyle tutarlı, dosdoğru olmaktır. (11/Hûd: 112; 41/Fussilet: 6).

İslam düşünürleri, ahlakı genelde şöyle tanımlarlar: "Ahlak insanda yerleşmiş bulunan bir meleke/yetidir ki, ondan fikrî bir zorlamaya lüzum kalmaksızın davranışlar kolayca ortaya çıkar." (bk. Aydın ve Adanalı, *İslam Ahlakı, Temel Konular Güncel Yorumlar*, DİB yayını, Ankara, 2015: 17) İslam düşünürlerinin yapmış olduğu bu ahlak tanımında birbiriyle ilişkili iki yön bulunmaktadır. Bunlardan birincisi ahlakın "insanda yerleşmiş bulunan bir meleke/hâl" olması, ikincisi de bu melekeden/hâlden davranışların, "pek bir zorlama olmaksızın" kolayca ortaya çıkmasıdır. Birincisi insanın bir oluş/varoluş hâline işaret ederken ikincisi de onun somut yapıp ettiklerine işaret etmektedir. Buna göre asıl ahlak, insanın içinde oluşmaktadır; dışa yansıyan yapıp etmeler ise onların tezahürleridir. Ahlaklı insanda, içteki ahlak (meleke) ile, dışa yansıyan görüntüler tam bir uyum içindedir. Çünkü, ahlaklı bireyin davranışları onun dürtülerinden kaynaklanmadığı gibi, dıştan gelen ödül veya cezaların ürünü de değildir; tamamen onun iç dünyasının, kafa ve kalbinin dışa vurumlarıdır.

Birey, İslam'ın öngördüğü böylesine tutarlı ve bütünlüklü ahlakı, ancak yaratılıştan sahip olduğu ahlaki özü eğitimle geliştirerek kazanabilir. Ahlakın altyapısı, insanın fıtratında potansiyel olarak mevcuttur: "Nefse ve onu (insanın özü olarak) şekillendirip düzenleyene, ona kötü (fücur) ve iyi olma (takva) kabiliyetlerini verene andolsun ki, nefsini arındıran elbette kurtuluşa ermiş ve onu arzularıyla baş başa bırakan da ziyan etmiştir." (91/ Şems: 7-10) Ahlakı, temelde insanın yaratılışına bağlayan Kur'an, insanın özünde bir ahlak varlığı olduğunu güçlü biçimde ortaya koymaktadır. İnsan, iyi-kötü, güzel-çirkin, doğru-yanlış gibi ayrımları yapabilme ya da bunları tanıyabilme özelliğine, yani ahlaki ilke ve değerleri kavrayabilecek bir potansiyel donanıma sahiptir.

Tohum niteliğindeki bu ahlaki özün filizlenip dal budak salması, meyveye durması, ancak eğitimle gerçekleştirilebilir. Bireyin güzel ahlakı kazanması için gerekli olan etkili eğitimi iki boyutlu düşünebiliriz: 1. Yaşayarak (tecrübe ile) öğrenme. 2. Bilgiyi üretme ve onunla beslenme (tefekkür).

Hayata gözlerini açtığından itibaren bireyin, ahlaki güzellikleri somut olarak çevresinde müşahede ederek büyümesi, doğal olarak onun güzel ahlakla tanışıp bütünleşmesine yol açar. Güzel ahlakı böylesine bizzat yaşayarak somut tecrübeler aracılığıyla öğrenme, oldukça etkili ve kalıcıdır. Yapıp ettiklerinin nedenlerini kavramasa bile, görerek öğrendiği ahlaki tutum ve davranışları sahiplenip sürdürür. Çünkü zamanla ahlaki değerlere göre tutum ve davranışlarını belirleme onda alışkanlık haline gelmekte; hatta onda bir tabiata dönüşmektedir. Bununla birlikte insanın etkilenmeye hep açık olduğu unutulmamalıdır. İnsan iyi olduğu kadar kötü yönlendirmelere de açık, esnek bir varlıktır. Kötü çevre, sapkın inançlar, çarpık ve yanlış ideolojiler, travmatik hayat tecrübeleri gibi etkenler, sırf farklı ve özel olma ve benzeri istekler insanı olumsuz etkiler, ahlaki ilkeleri çiğnemeye yönlendirebilir. Onun iyi, güzel ve doğruya olan yönelimini engelleyerek kötülüğü gözünde çekici ve güzel gösterebilir.

Ancak, bireyin zamanla çevrede karşılaşacağı farklı tutum ve davranışlar onun duruşunu sarsabilir. Hele küreselleşmenin doğurduğu toplumsal çoğulluk şartlarında bu etkilenme durumu her an söz konusudur. Çünkü çok farklı inanç, kültür ve dünya görüşüne sahip insanlar, toplumda bir arada ve iç içe geçmiş olarak yaşamaktadırlar. Toplumda farklılıkların iç içe geçmişliği, aralarında doğrudan etkileşimi tetiklemektedir. Böylesine bir etkileşim ortamında hangisi daha güçlü görünüyor ve cazip ise onun etkin olacağı muhtemeldir. Bu toplumsal çoğulluğu ortadan kaldırmak mümkün olmadığına göre, her bireyin buna karşı aşılı olmasından başka çare yoktur. İşte bu aşılı olma hali, ancak bireyin entelektüel gelişmişliği, idrak düzeyinin yüksekliği ile mümkündür. Bu yüzden ahlaklı birey yetiştirmek için ona olabildiğince güzel ahlaki örneklikler sunacak çevre düzenlemekle birlikte onun görerek öğrendiği ahlakın arkasını iyi doldurmak zaruridir. Yoksa yıkılabilir. Bu ise bireyin ahlak konusunda bilgiyle beslenerek anlam(landırm)a ve kavrama yeteneğini geliştirmesini sağlamakla olur.

Birey, hayatı ve varlığı anlamlandırmadan gerçek anlamda ahlak üretemez. Varlığı ve varlık bütünü içinde kendi varlığını, konumunu anlamlandıran birey, bu varlık dünyasında Yaratıcı'dan cansız varlıklara kadar herkes ve her şeyle ilişkisinin niteliği üzerine düşünmeye başlar. İşte bu süreçte ahlaki değerlerini oluşturma ihtiyacı duyar ve şahsi çabalarıyla kendi ahlaki değerlerini oluşturup içselleştirir. Doğruluklarına içtenlikle inanarak benimsediği ahlaki değerlere sahip çıkar ve hayatını onlara göre düzenlemeye başlar. Böylece, dürtülerinin ve dış çevrenin güdümünden çıkarak tamamen inandığı değerlere göre tutum ve davranışlarını belirleyen bu mümin birey, ahlaken özgürleşmiş olur. Yapılan eğitim, işte bu süreçte bireyi iyi kılavuzladığı oranda etkili olur.

Dikkat edilirse, bu noktaya ulaşması için bireyin bilgiyle beslenerek anlama ve kavrama yeteneğini geliştirmesinin gerekliliğini vurguladık. Çünkü, hazır malumat kalıplarını ezberleyerek bunu elde etmek mümkün değildir. Malumat ezberlemekle yetinerek ayaklı kütüphane olan kimse, o malumatların hamalı olmaktan öteye geçemez; hazır malumatları kendine özgü bilgilere dönüştüremediğinden dolayı muhakeme ve idrak yeteneğini geliştiremez. Anlamlandırma yeteneği gelişmeyen kimse ise ahlak üretemez. Böyle biri, ahlak hakkında bir sürü malumat aktarabilir, ama onları kullanamaz, onlarla beslenerek kendi ahlakını inşa edemez. Belki çevreye uyarak ahlaklı görünebilir; ama bu onun ahlaklı olduğu anlamına gelmez. Anlam(landırm)a düzeyi yükseldikçe birey, ahlak edinme, ahlaki tutum ve davranışlar ortaya koyma imkânına kavuşur. Çünkü, ahlaki değerleri edinmekten tutunuz, onların günlük hayatta karşılaşılan tekil olay ve olgularla irtibatını sağlamaya, o değerleri somut tutum ve davranışlara yansıtmaya kadar her noktada anlamlandırma süreci işletilmeden ahlaklı olunamamaktadır. Birey, kavramadığı bir ahlaki değeri takdir edemez, ona ilgi duyamaz, onu edinmek ve uygulamak için can atar duruma gelemez. Bir kez kavrayınca da, artık ondan uzak duramaz; ona aykırı tutum ve davranış kolay kolay sergileyemez. Aykırı tutum ve davranışta bulunması, varlık bölünmesine yol açar ki insan, bu bölünmüşlüğe tahammül edemez. Mutlaka, düşünceleriyle tutum ve eylemlerini bütünleştirip uyumlulaştırarak rahatlamak ister. Bu yüzden insanın kanaat ve düşünceleriyle ameli birbiriyle hasbel kader zıtlaşacak olsa, çok rahatsız olur ve hemen birini diğerine uygun hale getirerek huzura kavuşur. Nazarî (kuramsal) kemâl olmadan amelî kemâle ulaşmak imkânsızdır, amelî kemâl olmadan da nazarî kemâlden söz edilemez.

İşte bu yüzden sözü edilen çerçevede ahlakın mahiyeti, ahlaki fazilet ve reziletlerin neler olduğu konularında da bireyin bilgi edinmesi gerekli görülmüş ve bu alanda çeşitli eserler yazılmıştır, yazılmaya devam edilmesi gerekmektedir. İnsan ve davranışları hakkında yeni bilgilerin üretilmesi ve hayat şartlarının sürekli değişmesi, ahlak üzerine yeni fikir ve bilgi üretimini zaruri kılmaktadır. Bu fikir ve bilgi üretimine, hem ahlak nazariyesi alanında hem de ahlakın günlük hayatta uygulanması konusunda ihtiyaç duyulmaktadır. Her iki alanda da bugünün insanına İslam'ın ne dediğini ortaya koymak gerekmektedir. Bir başka ifadeyle İslam ahlakı konusunda tarih boyunca ortaya konulan görüşlerin bugün aynen tekrarı yerine, onlar iyi kavranmakla birlikte çağın birikiminden de yararlanarak günümüz insanının beklentilerini ve ihtiyaçlarını karşılayacak güncel bir içeriğin ortaya konulması gerekmektedir. Hem ahlaki değerlerin çağdaş şartlar ve ihtiyaçlar karşısında anlaşılması ve yeni yorumlara tabi tutulmasına ihtiyaç var, hem de iyi analiz edilerek anlamlandırılan ahlaki değerlerin günlük hayata somut olarak nasıl yansıtılacağı hususunda yeni bilgi ve görüşlere. Bu iki boyutta yeni bilgiler üretilerek güçlü anlamlandırmalar yapılmadan günümüzde ahlaklı olmak en hafif ifadeyle çok zordur.

Bazı ahlakçıların iddia ettikleri gibi "düşünmeden" ahlaki tutum ve davranışlar sergilemenin gerekliliğinden söz etmek, ahlakın mahiyetiyle bağdaşır gözükmemektedir. Düşünme durdurularak söz gelimi, günümüzde cömertlik ahlakının gereği olan tutum ve davranışlar doğru belirlenemez. Çünkü cömertlik yerine göre farklı davranış kalıplarıyla ortaya konulması gereken ahlaki bir değerdir. İleri gidilirse israf, eksik bırakılırsa cimrilik olur. Zamana ve zemine göre bu farklı cömertlik davranışlarını belirlemek, düşünüp taşınmadan nasıl gerçekleştirilebilir? Oysa, cömertlik ahlakına sahip olan kişi, uygun davranışları düşünmeksizin değil, hazırlıklı olduğu için fazla düşünmeye ihtiyaç duymadan, suhuletle sergileyebilir. Yani ahlak, hiçbir zaman idrakten, düşünmeden kopuk ele alınamaz. Yeterince düşünemeyen insan, günümüz şartlarında benimsediği birçok değere aykırı davranabilmektedir. Söz gelimi, kimsenin hakkına tecavüz etmeme değerine sahip olan nice kişi bugün, izin alınmadan kitap fotokopisi yapmanın haksızlık olduğunu düşünememekte ve dolayısıyla bunun ahlaka aykırı olduğunu görememektedir. Buradaki sorun, elde edilen temel ahlak ilkelerinin günlük hayatta karşılaşılan olay ve olgulara uygulanmasında yaşanan belirsizliktir. Bu, ahlaki değerlerin/ilkelerin bilinmesi kadar önemli bir konudur. Ahlaki erdemlere dikkat çeken ancak hayatın güncel olayları konusunda pek bir şey söylemeyen ahlak anlayışı veya ahlaki bilgi, teorik ve soyut kalmakta, pratik ahlakın değerini ıskalamaktadır. Oysa insan varlığı ve hayatı somutluk ve pratiğe ihtiyaç duyar. Ahlak eğitimi, gündelik hayatta karşılaşılan olayların değerlendirilmesi ve davranış geliştirilmesi konusunda kişilere rehberlik yapmak durumundadır. Ahlaki temel ilkeleri ve bakış açısını ortaya koyan İslam, bunların açıklamasını ve uygulanmasını insana bir görev olarak bırakmaktadır.

Değer-olgu/olay ilişkisine dair fikir ve bilgi üretimine süreklilik kazandırmak gerekir. Ahlak anlayışının, toplumsal hayatın yeni alanlarıyla ve yeni ilişkileriyle birlikte genişlemesi ve ilerlemesi gerekir. Aksi hâlde, yaşanan hayatın gerisinde kalarak bağlılarının, başka bir toplumun duyarlılıklarına bağımlı hale getirilmesi kaçınılmaz olacaktır. Bir başka deyişle belirli bir çağın ihtiyacına ve hayat şartlarına göre şekillenmiş olan ahlaki davranış kalıplarını, diğer bir çağa olduğu gibi nakletmeye çalışmak anakronizme yol açarak yeni ahlak sorunlarını doğurur. Kısacası hem ahlaki değerler hem de onların günlük hayatta somut tutum ve davranışlara aktarılması konularında düşünme, bilgi ve görüş üretme işine süreklilik kazandırmak zorunludur; aksi tutum, dogmatizm tuzağına düşürür.

Bu noktada, ahlak eğitiminin niteliğinin belirleyiciliği, dolayısıyla önemi karşımıza çıkmaktadır. Ahlak eğitimcilerinin (öğretmen, anne, baba vs.) bu işi bilimsel anlayışla, bilerek ve bilinçle yapma sorumlulukları vardır. Tekdüze, telkin edici, baskıcı ve benzeri yanlış yöntemlerle yapılan ahlak eğitiminin, istenmeyen davranışlara yol açtığı bilinmektedir. Çoğu eğitimci, ebeveyn bu sorunlarla nasıl başa çıkacağını bilememekte ve gerçekleştirdiği ahlak eğitimi sonunda çaresiz kalmaktadır. Hatta çoğu zaman yaklaşımlar ters tepmekte ve muhatabın içe kapanmasına ya da daha saldırganlaşmasına ve benzeri olumsuzluklara yol açabilmektedir. Aklı kullanmayı, metotlu düşünmeyi, anlamlı öğrenmeleri kılavuzlamayı öne çıkarmayan ezberci eğitim sistemimizin, ahlak eğitiminde başarılı olduğunu söylememiz pek mümkün gözükmemektedir (Ahlak eğitimi konusunda bk. Aydın ve Adanalı, age., 201 vd.).

Hem nazarî ahlak hem de amelî ahlak alanında sürekli görüş ve bilgi üretme ihtiyacını karşılamak bağlamında Diyanet İşleri Başkanlığı Din İşleri Yüksek Kurulu, oluşturulan bir komisyonun koordinasyonunda bu iki alana ilişkin yeni eserler yazılması amacıyla çalışma başlattı. Bir yazar kadrosu tarafından ortaklaşa yazılan "İslam Ahlakı/Temel Konular Güncel Yorumlar" adlı eser, 2014 yılında Başkanlık tarafından yayımlandı. İslam ahlakının nazariyesini oldukça öz biçimde ortaya koyan bu eserin ikinci baskısı, 2015 yılında yapıldı. Ortalama okur kitlesine hitap eden bu eserin, ortaya koyduğu İslam ahlak nazariyesinin günlük hayatta uygulamasına yönelik bilgiler sunan kitaplarla tamamlanması gerekiyordu. Çünkü, her birey İslam ahlak kuramının günlük hayata hangi somut kalıplarla yansıtılabileceğini belirleme konusunda bu tür eserlere ihtiyaç duymaktadır. Bu ihtiyacı karşılamak için çalışmalar başlatıldı. İslam amelî ahlakına yönelik şu kitapların yazılması kararlaştırıldı:

1. Müslümanın Edinmesi Gereken Ahlaki Erdemler
2. Eğitim Ahlakı
3. Bir Arada Yaşama Ahlakı
4. İş ve Meslek Ahlakı
5. Ekonomi Ahlakı
6. Siyaset Ahlakı
7. Medya Ahlakı
8. Bilim Ahlakı

9. Tıp Ahlakı
10. Sanat Ahlakı
11. Çevre Ahlakı
12. Aile Ahlakı

Editörlüğünü üstlendiğim bu İslam amelî ahlak kitaplarının her birinin ana ve alt başlıklarından içeriğine kadar her şeyinin, tek başına bir yazarın değil yazarlar grubunun ortak çabalarının ürünü olması için önlemler alındı. Her kitabın 'İçindekiler' kısmı belirlendikten sonra yazarlar bir araya getirilerek ortak aklın ışığında ona son şekli verildi. Daha sonra, her yazarın yazdığı metin, bütün yazarlara gönderildi ve düzenlenen toplantıda her yazarın o metinle ilgili görüşleri alınıp tartışıldı ve yapılan değerlendirmeler doğrultusunda yazarın metne son şeklini vermesi istendi. Yazarı tarafından yeniden gönderilen metin, editör tarafından okunarak ve gerektiğinde yazarla iletişime geçilerek ihtiyaç duyulan değişiklikler yapılıp nihaî haline kavuşturuldu ve Din İşleri Yüksek Kurulu'nun değerlendirmesine sunuldu. Kurul'un değerlendirmeleri hesaba katılarak editör tarafından tekrar gözden geçirildi. Ancak bütün bu işlemler sürecinde editör, metnin bilimsel sorumluluğunun yazara ait olduğu anlayışıyla hareket etti. Son şeklini alan metin, basım için ilgili birime teslim edildi.

Elinizdeki "Müslümanın Edinmesi Gereken Ahlaki Değerler ve Erdemler" adlı bu eser, Pratik İslam Ahlakı serisinin öncelikle okunması gereken bir "Giriş" metni niteliğindedir. Çünkü bu kitabın içeriği, diğer kitapların içeriği için temel teşkil etmektedir, denebilir.

Bu eserin hazırlanmasından yayımlanmasına kadar her basamakta birçok kişinin emeği söz konusudur. Yazarından katkı sağlayan diğer yazar arkadaşlara, Din İşleri Yüksek Kurulu Ahlak Komisyonu üyelerinden Kurul üye ve uzmanlarına, basım aşamasında katkı sağlayan herkese ve özellikle bu çalışmaların sekreterya işlerini büyük bir titizlikle yürüten Din İşleri Yüksek Kurulu Uzmanı Dr. Bayram Köseoğlu'na ayrı ayrı teşekkür ediyorum.

Prof. Dr. Muhammet Şevki Aydın

ÖN SÖZ

Ön söz, bir kitabın olmazsa olmazı değildir. Ama Ön söz'lerin iki açıdan kendine özgü ayrıcalıkları vardır. Kitaba katkıda bulunanlara teşekkür edilebilecek tek yer Ön söz'dür. İkinci olarak yazarın, okuyucu ile biraz daha içten ve samimi konuşabileceği, biraz daha kendisinden bahsedebileceği ve kusurlarının hoşgörülebileceği tek yer Ön söz'dür. Ön söz'de bilimsel bir ağırlık olmak zorunda değildir; biz de o rahatlıkla içimizden geldiği gibi birkaç kelam edebiliriz.

İslam ahlakçılarının piri İbn Miskeveyh, "Ahlak sanatı sanatların en üstünüdür." der. Bu satırların yazarı gibi, gerçekte öyle olsa da olmasa da kendisini sanatçı ruhlu biri olarak hissedip sanatı meslek edinmiş olmak bir yana, sanatla ilgili herhangi bir hobisi bile olamamış, ama bir şekilde hiç olmazsa bir süredir ahlak ile uğraşmaya başlamış birisi için, ne kadar doğru gözüken, ne kadar teselli edici bir söz! Eğer ahlak sanatının sanatların en üstünü olduğu doğruysa, bu sanatın içinde 'erdemler' alanıyla uğraşmak ve her biri birer pırlantaya benzeyen erdemler üzerine kitap yazmak, nasıl bir sanat olsa gerektir? Doğu'nun büyük şairi Sâdî, *Gülistan*'da ibareleri inci gibi dizdiğinden bahsediyor. Batı'nın büyük filozofu Kant, 'iyi niyetin', tüm ahlaki değerler arasında bir mücevher gibi tek başına parıldadığını anlatıyor. Bu durumda öyle görünüyor ki, erdemler sanatı, sanatların en üstünü olan ahlak sanatının zirvesini, mücevher tasarımcılığı aşamasını oluşturuyor olsa gerektir.

Bu kitapta yılın 52 haftasına karşılık 52 erdem işlemeye çalıştık. Bana sorarsanız, işleyenin acemiliğinden kaynaklanan bazı kusurlara rağmen, madenin muhteşemliğinden dolayı, her biri birer inci gibi, hatta bütün soyluluğuna rağmen çok daha işlemeli ve parlak olan birer pırlanta gibi oldular (ya da şimdi olamadılarsa, ileride inşallah olacaklar!). Çift sıra dizilmiş 52 taşlı pırlanta. Zaten erdemler insanın -hele hele fiziksel mücevherlerle işi olmayanların- tek gerçek süsü, tek gerçek mücevheri, tek paha biçilmez hazinesi değil midir?

Madem Ön söz'de biraz özel konuşabiliriz dedik; azıcık da 52 rakamının hikmetinden bahsedelim. Bu satırların yazarının Fatsa'lı olması tabii ki bir yana, bir zamanlar (2003-2011) İstanbul Üniversitesi İlahiyat Fakültesi'nde çalışırken, daha yakın olan camileri atlar, o zamanlar çok yalnız ve mahzun olduğunu düşündüğüm Zeyrek Camiine giderdim Cuma namazları için. İki kişi olarak oraya doğru yola çıktığımızı gören bazı arkadaşlar 'yine cihada mı gidiyorsunuz hocam?' diye takılırlardı. O zamanlar, bunca tarihî, mimarî ve manevî önemi olan bu camide vaaz eden kimse yoktu ve bu da beni üzerdi. Bir gün dönerken yanımdaki kişiye şöyle demiştim: 'Keşke 52 erdemin işlendiği bir kitap yazabilsem de her hafta biri üzerine burada vaaz edebilsem...' Şimdi Samsun'da yaşayan biri olarak böyle bir arzum tabii ki yok. Ama yine de, belki vaaz edilebilecek genişlikte ve mükemmeliyette olmasa da 52 erdemlik bir kitap yazma hayalimin gerçekleşmiş olması sevindirici. Şükür Mevlâ'ya!

Gelelim buna vesile olan ve katkıda bulunanlara teşekküre. Erdemler üzerine bir çalışma yapmamı isteyen, Prof. Dr. Muhammet Şevki Aydın Bey hocamdır; hem yazmamı önerdiği için, hem yazmaktan kaçındığım bir ara bunu kabul etmediği için, hem de içeriğini titizlikle değerlendirdiği için kendisine minnettarım; teşekkür eder, saygılar sunarım. Ayrıca, yazarlarla pratik ahlak kitapları projesi çerçevesinde birbirimizin yaptığı çalışmaları değerlendirdiğimiz birkaç çalıştay yaptık; burada adlarını tek tek sayamayacağım bu hocalarıma da en içten saygı, sevgi ve hürmetlerimi sunuyorum.

Prof. Dr. Cafer Sadık Yarân
21 Ağustos 2017
Samsun

GİRİŞ

Müslüman, en son ve en mükemmel din olan İslam dinine inanan ve bu inancının öngördüğü şekilde yaşamaya çalışan insandır. İslam dini, ilahi vahye dayalı olarak iman ve ona uygun amel etmeye dair bir değerler manzumesidir. Müslüman ise bu değerleri benimseyip içselleştirerek kendi şahsında erdeme dönüştürme, erdemli, faziletli, üstün vasıflı, ahlaki karakter sahibi olma yolunda çabalayan insandır. Buradan anlaşıldığı üzere, İslam dininin ortaya koyduğu soyut değerler, Müslümanın şahsında somut ve gözlemlenebilir bir karaktere dönüşmektedir. İslam ve Müslüman arasında nasıl bir ilişki varsa, değerler ve erdemler arasında da öylesine yakın ve iç içe geçmiş bir ilişki vardır. İslam, soyut ve teorik iman ve yaşam ilkeleri, Müslüman ise onu ete kemiğe büründüren somut ve pratik gerçeklik olduğu gibi; değerler, Allah'ın ve inananların beğenip Müslümana yakıştırdığı üstün duygu, düşünce ve davranış özellikleri, erdemler ise, bu özelliklerin Müslümanın şahsında gerçekleşmiş tezahürleridir. Dolayısıyla değerler ve erdemler, ruh ve beden gibidir; ruh yoksa beden yaşamaz; beden yoksa ruh gözükmez. Ya da değerler toprağın altındaki besleyici köke, erdemler ise üstte görünen gövdeye ve meyvelere benzerler.

Değerler ve erdemler çok çeşitlidir. Bizi burada daha yakından ilgilendiren, ahlaki değerler ve erdemler, özellikle de her birimizde somut tutum ve davranışlar olarak gözükmesi gereken erdemlerdir. Erdemler, genç ya da yetişkin, kadın ya da erkek, zengin ya da fakir, her Müslümana yakışan ve her Müslümanın üzerinde ışıltısı, parıltısı ve zarafetiyle göz kamaştıran ahlak ve karakter mücevherleri gibidir. Erdemler ya da aynı anlama gelen faziletler, ahlaken değerli görülen ve sahibini üstün kılan huylar ve davranışlardır. Eski alimlerimizden birinin tanımına göre erdem, "kişinin diğerleri üzerinde üstünlük sahibi olduğu bir meziyete verilen addır" (İsfahâni, 2010: 112); buradaki üstünlükten kasıt, elbette ahlaki üstünlüktür.

Müslüman için ahlaki değerler ve erdemlerin ana kaynağı, ilâhi vahiy; asıl motive edici gücü de, Allah'ın emrine uygun yaşayarak rızasına kavuşmaktır. Bunun yanında elbette o, Allah'ın emirlerinin her birinin sahip olduğu dünyevi ve uhrevi hikmet ve yararlara inanıyor olması, iki cihan saadetine kavuşma arzusu, inandığı dini bütün yönleriyle yaşama iradesi, kendisini toplum içinde seven ve sevilen, güzel ahlaklı olgun bir insan haline getirme çabası gibi başka birçok ikincil motivasyonla da kendisini bu yolda gayretlendirir. İman ve salih amel çerçevesinde iyi huyluluk ve güzel davranışlılık Müslümanın şiarıdır.

Mü'min ve Müslüman her bir birey, kâmil bir imana sahip olmak ve salih amel bağlamında erdemli bir ahlak hayatına da sahip olmak zorundadır. Çünkü İslam, parçalanmışlık ve bölünmüşlük kabul etmeyecek bir şekilde, iman ve amel, dolayısıyla ahlak birlikteliğinden, bütünlüğünden ibarettir. Ahlakın merkezî kavramı olan 'iyiliğin' ne olup ne olmadığı anlatılırken Kur'an-ı Kerim'de, iman, ibadet ve ahlak değerleri tamamen iç içe olarak, âdeta bir zincirin birbirine geçmiş ayrılmaz halkaları gibi sayılmaktadır: "İyilik, yüzlerinizi doğu ve batı taraflarına çevirmeniz(den ibaret) değildir. Asıl iyilik, Allah'a, ahiret gününe, meleklere, kitap ve peygamberlere iman edenlerin; mala olan sevgilerine rağmen onu yakınlara, yetimlere, yoksullara, yolda kalmışa, (ihtiyacından dolayı) isteyene ve (özgürlükleri için) kölelere verenlerin; namazı dosdoğru kılan, zekatı veren, antlaşma yaptıklarında sözlerini yerine getirenlerin ve zorda, hastalıkta ve savaşın kızıştığı zamanlarda (direnip) sabredenlerin tutum ve davranışlarıdır. İşte bunlar, doğru olanlardır. İşte bunlar, Allah'a karşı gelmekten sakınanların ta kendileridir" (Bakara/2: 177).

Başka birçok ayet gibi bu ayetten de anlaşıldığı üzere, kâmil bir mümin, ahlaki faziletlere eksiksiz bir biçimde sahip olmalıdır. Bu husus, ayetler yanında hadis-i şeriflerde de açıkça görülmektedir. Sevgili Peygamberimiz (s.a.s.), bir hadislerinde ahlakın imanla ilişkisini kurarak, "Müminlerin iman bakımından en mükemmeli, ahlak bakımından en güzel olanıdır." (Ebu Davud, Sünnet, 15) buyurmuş; bir başka zamanda da ahlakın ibadetle ilişkisi kapsamında, "Mümin, güzel ahlakı sebebiyle (gündüzlerini) oruçla, (gecelerini) namazla geçiren kişinin derecesine ulaşır." (Ebu Davud, Edeb, 7) demiştir. Ahlakın, bazı ibadetler ve zikirler gibi sayısal hesaba gelmeyişi, onun ameller ve sevaplar terazisinde yeri olmayacağı anlamına gelmemektedir. Aksine, Allah Resûlü'nün beyan ettiği üzere, "Kıyamet günü müminin mizanında güzel ahlaktan daha ağır bir şey yoktur." (Tirmizi, Birr, 62).

İslam âlimleri ve filozoflarına göre de, hem bu dünya hem de öte dünya saadet ve şerefi için Müslümana, yüksek ve üstün bir ahlaklılık yakışır. Hiçbir dünyevi mal-mülk veya makam, onu böyle bir ahlaklılığa ve erdemli karaktere sahip olmaktan daha şerefli kılamaz. Örneğin, İbn Miskeyeh'e göre (2013: 18), bir Müslüman için İslam dininin öngördüğü "üstün ahlakı elde etmek", hayatını anlamlı ve şerefli kılmak için edinilebilecek en önemli amaçlardan biridir. Sadece bu ahlaki olgunluk seviyesi ona, "mal, mülk, zenginlik, iktidar, başkasına egemen olma kavgası ya da barış ve antlaşma ile elde edilen gelip geçici, temelsiz bir şerefi değil, gerçek ve asıl şerefi kazandırır."

Ahlakın İslam dini içindeki yeri ve ahlaklılığın Müslümanın dünya ve ahiret mutluluğu için önemi ortada iken, namazında niyazında olmakla birlikte ahlaki kusurları ve zaafları hoşgörülebilir sınırların ötesinde olan dindarlar, maalesef sadece kendilerine değil, çevrelerine ve İslam dininin kendisine de zarar verebilmektedirler. Zira insanların çoğu bir dini değerlendirirken, o dinin temel kaynaklarına ve inanç esaslarına bakmak yerine, o dine mensup insanların yaşantısına ve ahlaki durumuna bakmayı daha kestirme ve kolay bulmaktadırlar. Bu durumda, küreselleşip görece küçülen dünyada, Müslümanların ahlaken yüksek bir standart sergilemeleri, uhrevî kazançları yanında, kendi aralarındaki huzur ve mutluluk düzeyini artıracağı gibi, İslam dininin en doğal tebliği ve en etkili davetini de gerçekleştirmiş olacaktır.

Ahlaken kusurlu olmanın yahut da arzulanan yüksek düzeyde olmamanın pek çok sebebi vardır. Bunlardan sadece biri, bu durumun farkında olmamak ve kendini ahlaken yeterli ve hatta üstün bir düzeyde görmektir. Bunun nedeni de, ahlakın kolay bir şey olup çocuklukta, ailede öğrenildiği ve bunun da ömür boyu yetecek bir sermaye olduğu kanaatidir. Oysa durum pek de böyle değildir; ahlaklılık -özellikle de yüksek ahlaklılık- zannedildiği kadar kolay başarılabilecek bir şey değildir. Ayrıca çocuklukta kazanılmış bir sermaye olsa bile ömür boyu onun üzerinde çalışılıp artırılmaya layık bir sermayedir. Müslümana yakışan, aileden miras kalan az bir sermaye ile ömür boyu yetinmek olmadığı gibi, çocukken edindiği ortalama ahlak düzeyi ile de kalmamak, ahlakını sürekli gözden geçirip geliştirmeye çalışmak, en ileri düzeyde ahlaklılığa sahip olmak iddiasıyla başkalarıyla, bütün dünya ile yarışmaktır.

Çünkü Kur'an, tarih boyunca ahlaklılığın var olan üç temel düzeyinden bahsetmekte ve tabii ki, Müslümana en ileri düzeyi yakıştırmaktadır. Ayet şöyledir: ***"Sonra biz o kitabı kullarımızdan seçtiklerimize miras kıldık. Onlardan kendilerine zulmedenler var, onlardan orta yolu tutanlar var, yine onlardan Allah'ın izniyle hayırlarda ileri gidenler var. İşte bu, evet bu, büyük erdemdir."*** (35/Fâtır: 32). Bu ayet, Müslümana yakışan ahlakın en ileri ve en üst düzey ahlaklılık olduğunu göstermektedir. Kur'an'da başka birçok ayet de ahlaklılığın, özellikle de ileri düzey ahlaklılığın bir yarış meselesi olduğunu gösterir. Bu yarış, sadece Müslümanlar arasında olan bir yarış da değildir; bir tür dünya şampiyonası gibidir; yarışçılar arasında doğal olarak Müslüman olan da vardır olmayan da.

Bu bir iyilik, hayırseverlik, erdem ve ahlak yarışıdır ve her dinden insan bu yarışta vardır. Bu anlamda birbirine benzeyen iki âyet-i kerimeden biri şudur: "***Sana da, kendisinden önce (gönderilen) kitabı onaylayıp doğrulayan ve onu koruyup gözeten bu hak kitabı indirdik. Onun için sen, onların arasında Allah'ın indirdiğiyle hükmet, sana gelen haktan ayrılıp da onların arzularına uyma. Sizden her biriniz için bir kanun ve yöntem belirledik. Allah dileseydi, hepinizi tek bir topluluk yapardı. Ancak O, her birinize verdiği şeyde, sizi imtihan edecek. O halde durmayın, hayırlarda yarışıp koşuşun...***" (5/Mâide: 48; krş. 2/Bakara: 148).

Bu yarış, yine Kur'an'ın belirttiğine göre, hiç de kolay bir yarış değildir. Bu yarış, yemyeşil güzel mekanlarda, kalbi temiz iyi insanlarla yapılan bir yarıştır; ama zordur. Bu yarış, her insanın göze alabileceği bir yarış değildir; çünkü sarp yokuşlarda yapılmaktadır. İşte bu güzel, zor ve büyük yarış, Kur'an'da şöyle anlatılmaktadır: "Ve ona iki yolu göstermedik mi? Fakat o, sarp yolu göze alamadı. O sarp yol nedir bilir misin? Köle azat etmektir. Veya bir kıtlık gününde yakını olan bir yetimi yahut aç açık bir yoksulu doyurmaktır. Sonra iman edip birbirlerine sabrı tavsiye edenlerden ve acımayı öğütleyenlerden olmaktır. İşte bunlar hakkın ve erdemin yanında olanlardır. Ayetlerimizi inkâr edenler ise batılın ve erdemsizliğin yanında olanlardır." (90/Beled: 10-19). İşte her bir Müslümana yakışan ve yaraşan, bu yarışa katılmak, bu yarışta dereceye girmek, bu yarışta birinci olmaktır.

Bu yarışın sarp yokuşlarından ve o engeller karşısında başarılı olmanın yollarından Yunus Emre de (2006: 408) bahsetmektedir. O, bu yarışta başarılı olmak için önce yedi özellik kazanmak gerektiğini söylüyor:

Vuslat hâlin aydısaram vuslat hâlin bilenlere,
Yedi türlü nişan gerek hakıykate erenlere,
(Bu) yedisinden birisi eksik olursa olmaya,
Bir nesne eksik gerekmez bu sarp yola varanlara.

Yunus Emre gibi daha pek çok ilim ve irfan sahibi ahlakçımız, bu iyilik yahut erdemlilik yarışının sarp yollarında başarılı olmanın sırlarını Kur'an ve hadislerden öğrenerek, kendilerinden önceki âlimlerin tecrübe ve tavsiyelerini kendi deneyimleriyle de zenginleştirerek 'bu yarışta ben de varım' diyen gönüllü yarışçılara rehberlik etmeye çalışmışlardır. Biz, aşağıdaki çalışmamızda, eksiklikler ve kusurlardan başka kendimize ait hiçbir şey iddia etmeksizin, bu yol ve yarış için rehberlik eden büyük ahlak âlimlerimizin görüşlerinden derlediğimiz 52 erdemlik bir listeyi, sözü daha fazla uzatmadan, bu güzel ve onurlu yarışın yeni gönüllülerinin hizmetine sunuyoruz. Her yarış gibi bu güzel yarışta da gayret bizden, muvaffak kılmak Allah'tandır.

Aşk içün sâf eyle gel sofî derûn-ı kalbi kim,
Zeyneder kâşânesin elbette mihmân isteyen.

İBRAHİM HANÎF (SOYKUT, 1968: 419)

1. TEMİZ KALPLİLİK VE İYİ NİYETLİLİK

1.1. TEMİZ KALPLİLİK

Ahlaki değerlerin insan hayatında gerçekleşmiş hali olan erdemlilik, öncelikle içte, iyi huyluluk ve iç güzelliği ile başlar; daha sonra, bu iç güzelliğinin dışa yansıması olarak insanın, çevresindeki varlıklara iyi davranması, onlarla iyi geçinmesi ve elinden geldiği kadar onlara faydalı olmaya çalışması şeklinde özetlenebilecek olgun bir yaşama biçimi olarak devam eder. Bu durumda, mevcut ahlaki karakterimizi gözden geçirip güzelleştirmek veya yetişmesine katkıda bulunabileceğimiz çocuklar ve gençlerde sağlam bir ahlaki karakter oluşturmak istediğimizde, doğru bir sıra düzeni içinde ilerleyeceksek, ahlaki amellere geçmeden önce, ahlaki niyetler üzerinde durmamız, başka bir deyişle, dışımızdan önce içimizden başlamamız gerekir. Çünkü Ragıp el-İsfahani'nin dediği gibi, "Nefs bakımından temiz olmayan kimseler, söz ve fiil bakımından da temiz olmazlar. Tabak, içini dolduran şeyle değerlenir. Bu nedenle şöyle denmiştir: Nefsi temiz olanın ameli de temiz ve güzel olur" (2010: 88).

İnsanın iç dünyasının güzel olması, ahlak ilminin katkıda bulunmayı hedeflediği öncelikli amaçtır. İç dünyamız açısından insan fıtratının normal yapısına baktığımızda, bireyden bireye farklılık arz etmekle birlikte, genel olarak insanın içinde 'hem iyiliğe hem de kötülüğe eğilim' olduğunu görürüz. Bu ikili yapı, Kur'an-ı Kerim'de açıkça belirtilmektedir: ***"Yemin olsun, ... Nefse ve onu (insanın özü olarak) şekillendirip düzenleyene; Ona kötü ve iyi olma kabiliyetlerini verene!"*** (Şems/91: 1, 7-8). Görüldüğü gibi bu ayette, insanın içine hem iyi hem de kötü olma kabiliyeti verildiği söylenmektedir. Hangimizin "davranışça daha iyi olduğunu deneyerek göstermek" (Mülk/67: 2) gibi ilahi hikmetlerin gereği olarak içine hem iyilik hem de kötülük kabiliyeti yerleştirilmiş olan insanın, iyi huylu ve iyi davranışlı biri olduğunu kanıtlayarak hayat boyu süren bu imtihanı başarıyla geçebilmesi için öncelikle nefsini arındırması, kalbini manevi kirlerden temizlemesi gerekir.

İnsan benliğinin iyilik ve kötülük kabiliyetine sahip ikili bir yapıya sahip olduğunu belirten ayetin hemen devamında Cenab-ı Hakk, insana, öncelikli ahlaki vazifesine yönelik şu açık uyarıda bulunur: ***"Nefsini arındıran elbette kurtuluşa ermiştir. Onu arzularıyla baş başa bırakan da ziyan etmiştir."*** (Şems/91: 9-10). İşte bu ayetlerdeki uyarıları dikkate alarak tezkiye edilmiş nefse yahut kötülüklerden arındırılmış benliğe, başka bir deyişle temiz bir kalbe sahip olmak, kurtuluşun şartlarından biri olduğu gibi ahlaklılığın da başıdır. Zira "arınmış nefs" veya "temiz kalp", insanın önce içinde, sonra da dışında gerçekleşecek olan ahlaki erdemlerin başlangıç noktası, ortaya çıkış kaynağıdır. Kalbinin saffeti ile nefsinin nezaheti müminin ayırt edici özelliklerindendir. Peygamberimiz, mümin ile faciri karakteri itibarıyla kıyaslamış ve şöyle demiştir: *"Mümin, saf ve alicenaptır; fâcir [kâfir ve münafık] ise düzenbaz ve alçaktır."* (Ebu Davud, Edeb, 5).

Türkçeye geçmiş Arapça kökenleriyle saffet, nezahet ("Nezahetü'n-nefs", İbn Hazm, 2012: 153), nezafet, taharet gibi kavramlarla da ifade edilebilen temiz kalplilik, içimizin kötü duygu ve düşüncelerden arınmışlığı, iyi duygu ve düşüncelerle de bezenmişliği anlamına gelir. Temiz kalplilik, kendimiz ve çevremizdeki varlıklara yönelik olarak içimizden geçen bütün duygu ve düşüncelerimizin, kötülük ve zararla ilişkili olmaktan arınmış olması, aksine kendimizin ve çevremizdekilerin iyiliği ve faydasına yönelik saf ve samimi özellikler taşıyor olmasıdır. İnsanı kendi gözünde, öteki insanlar nezdinde ve en önemlisi Allah katında değerli kılacak olan en asli ahlaki özellik, varlığımızın aslını oluşturan ruhumuzun ve onun özünü oluşturan kalbimizin temiz olmasıdır. Kalbi temiz olmadan ve niyeti halis olmadan yapılan ahlaki görünüşlü davranışlar, sonuç itibarıyla sahibine geçici faydalar sağlasa dahi, ne o davranışı gerçek anlamda ahlaki yapmaya ne de o davranışın sahibini ahlaklı bir kişi kılmaya yeter. Bir davranışı ve sahibini ahlaken değerli kılan özellik, davranışın kendisinden kaynaklandığı kalbin temizliği, gönlün saflığı, niyetin halisliğidir.

Temiz kalpten kasıt, dar anlamıyla sadece kalp veya duygu temizliği değil, bir bütün olarak ruhumuzun akıl, gönül, vicdan, nefis gibi bütün içsel güçleri ve yetilerinin temiz olmasıdır. Bir bütün olarak bilinciyle ve bilinçaltıyla ruh dünyamızın tamamen temizliği, kimse ile ilgili bir kötülüğün, gündüz veya gece, başkalarıyla birlikteyken veya yalnızken içimizden bile geçmemesidir. Bazı filozoflar bu listeye rüyaları bile katmaktadırlar. Örneğin, Epiktetos'a göre, temiz kalbe ve ahlaken sağlam bir karakter yapısına sahip olan kişi, ahlaki zaaflar ve engeller karşısında "rüyasında bile muzaffer olabilecek" kişidir (1989: 64).

Dolayısıyla temiz kalplilik, başta duygu ve düşünce dünyamız olmak üzere bütün benlik ve ruh dünyamızın, kıskançlık ve haset, kin ve nefret, kibir ve gurur, riyakârlık ve nifak, nankörlük ve inkâr, hırs ve ihtiras, açgözlülük ve doyumsuzluk, fitne ve fesat gibi tüm ahlaki olumsuzluklardan, kirlerden ve kötülüklerden, kusurlar ve hastalıklardan, erdemsizlikler ve günahlardan uzak, arınmış, saf ve berrak olmasıdır. Zira Kur'an, sadece dış eylemlerimizden değil, iç dünyamızda olup bitenlerden de sorumlu olduğumuzu bildirmektedir: ***"… İçinizdekini açığa vursanız da gizleseniz de Allah sizi ondan hesaba çeker."*** (Bakara/2: 284). Zaten içimizde olan, ne kadar gizlemeye çalışsak da bir zayıflık anımızda kontrol dışına çıkacak ve dışarıya yansıyacaktır. İç ve dış arasındaki ilişkinin durumu, Yunus Emre'nin şu beyitinde özetlediği gibidir (2006: 409).

Gönül yüksekte gezer, dem-be-dem yoldan azar,
Dış yüzüne o sızar, içinde ne var ise.

Kalbin temiz olması, kişinin içinde olumsuz düşünce ve duygular olmadığı gibi, aksine bunlar yerine, ahlaken ve manen değerli pozitif duyguların içimize ve bakış tarzımıza egemen olması demektir. Temiz kalpli ve 'iyi kalpli' terimleri, aşağı yukarı eş anlamlı terimlerdir. Temiz kalpli veya iyi kalpli insan, bazı kişilerdeki kötü niyet ve kurnazlıkları göremeyecek kadar saf olmamakla birlikte, öteki insanlara karşı, öncelikle ve asıl itibarıyla içindeki iyilik gözüyle bakar; onlarda daha ziyade iyilikleri görür ve her fırsatta iyilik yapmaya programlanmış olarak hareket eder. Ayrıca temiz kalpli kişi, iyilik yaptığı kişilerden maddi bir karşılık beklemez; iyiliklerini, çıkar beklentisiyle yapmaz. İyilik yapılması gerektiği yerde iyilik yapmak, imanının, kalbinin ve vicdanının ona yüklediği bir ödevdir; o da Allah'ın rızasını elde etmek dışında herhangi bir karşılık ve çıkar hesabı yapmaksızın üzerine düşen ödevi yerine getirir. Hatta temiz kalpli kişiye, iyiliğinin karşılığı verilmeye kalkışılsa, bunu niyetinin saflığını bozan bir leke gibi görür ve kabul etmeye yanaşmaz.

Temiz kalpli insan, birine kötülük yapmak veya zarar vermek bir yana, saflığını bozacak daha küçük orandaki kusurlardan, kirlerden ve paslardan dahi kaçınır. Temiz kalpli insan, egosunun bencil dürtülerini ve sahiplenme tutkularını aşabilmiş, çıkarsız ve menfaatsiz ilişkiler kurabilme düzeyine erişmiş insandır. Temiz kalplilik, sahibini, önce iyi bakış ve görüşe, sonra iyi niyet ve iradeye, daha sonra da iyi tutum ve davranışa sevk eden bir temeldir. O, ahlaklı davranışın içimizde çıktığı ilk öz, ilk pınar veya kaynaktır. O ne kadar temiz, arı, saf ve berrak olursa, devamında gelenlerin de o kadar temiz ve pak olma ihtimali büyüktür. Bu yüzden, ahlaklılık adına kalbin temizliğine ne kadar önem verilse o kadar azdır. Nitekim İbn Hazm, dünya ve ahirette kurtuluşa götüren yolun yolcusunun ahlaki özelliklerini sayarken, önce temiz ruhluluktan bahsederek şöyle demektedir. "Bu yolun yolcusu, temiz ruhlu insanlara yaraşır tertemiz niyetlere, iyi ve arı duru duygulara sahip biri olarak hileden hud'adan özenle sakınır; iyilerin faziletleriyle ve değerli insanların güzel huylarıyla donanır" (2102: 115).

Kur'an-ı Kerim'de, yüzden fazla ayette "kalp" kelimesi geçer ve bunların bazısında kalbin ahlaki kirler ve kusurlardan temizlenmesinden ve sağlığına kavuşturulmasının yollarından bahsedilir. Bu bağlamda, kalbin kinden ve nefretten arındırılması özellikle vurgulanır ve Cennetteki müminler için **"*Biz onların kalplerinde kin namına ne varsa söküp attık.*"** (A'raf/7: 43) denilir. Böylece, kalp temizliğinin en önemli özelliklerinden birinin, kin, nefret ve intikam gibi yıkıcı ve negatif duygulardan arınmışlık olduğu anlaşılmaktadır. Bir hadiste de, temiz bir kalbin pozitif özellikleri güzel bir teşbih ile şu şekilde vurgulanmaktadır: *"Cennete, kalpleri kuş kalbi gibi (saf ve hassas) olan insanlar girecektir."* (Müslim, Cennet, 27). Gönlün saflığı, kinden ve nefretten arınmışlığı, fitne ve fesattan uzaklığı, Mevlana'nın şiirlerinde de benzer teşbihlerle anlatılır:

Ben saf aynayım,
Sırım dökülmemiş, paslanmamışım,
Ben kin dolu bir gönül değilim,
Sina Dağının gönlüyüm ben...

Kalp temizliği erdemine sahip olma gayretinin müminler için ana nedeni, Allah'ın emri olmasıdır. Allah'ın bütün emirlerinde olduğu gibi bu emrinde de müminlerin yararına pek çok hikmetler vardır. Bunların belki en başında da, ahirette kurtuluşa vesile olması gelir. Kıyamet günü kurtuluşa erme sebebinin, arınmış, temiz ve selim bir kalp ile Allah'ın huzuruna gelmek olduğu, bunun dışında başka hiçbir şeyin fayda vermeyeceği şu ayette çok açık ve veciz bir biçimde beyan edilir: **"*O gün ki ne mal fayda verir, ne oğullar! Allah'a arınmış bir kalp ile gelen başka!*"** (Şu'ara/26: 88-89). Bu ayette belirtilen arınmış kalbin Allah katındaki değeri ve ahirette sağlayacağı fayda hususu, benzer şekilde şu hadiste de ortaya konulmaktadır: *"Allah sizin suretlerinize ve mallarınıza bakmaz; ancak kalplerinize ve amellerinize bakar"* (Müslim, Birr, 34).

Kur'an'da, Kur'an'ın kendisinin, manevi ve ahlaki anlamda kalplere şifa olduğu, kalp hastalıklarının tedavisinin ve kalp temizliğinin ilacının bizzat Kur'an olduğu belirtilir: **"*Ey insanlar! İşte size Rabbinizden bir öğüt, kalplere bir şifa ve inananlar için yol gösterici***

bir rehber ve rahmet (olan Kur'an) geldi." (Yunus/10: 57). Bu ayet, temiz kalpte kirlenme veya "körelme" (Hac/22: 46) olduğunda, onu asli safiyetine döndürme yolları ve ilaçlarının Kur'an'da olduğunu, dolayısıyla kalp temizliğinin devamlılığı için sürekli Kur'an ile irtibatta olmak gerektiği hatırlatılmaktadır.

Kalp temizliği zarar görüp lekelendiğinde onu tekrar eski temiz ve lekesiz haline döndürecek çözüm yolunun başında ise tevbe gelmektedir. Peygamberimiz bunu çok güzel bir benzetme ile şöyle anlatmıştır: *"Kul bir hata işlerse kalbine siyah bir nokta konulur. Şayet o, (günahtan) vazgeçerse, bağışlanma diler, tevbe ederse kalbi arınır. Eğer (bunları yapmaz, günah ve hataya geri dönerse) siyah nokta artırılır ve neticede bütün kalbi kaplar. Allah'ın,* ***'Yaptıkları yüzünden kalpleri pas tutmuştur.'*** (Mutaffifin/83: 14) *diye anlattığı pas işte budur."* (Tirmizi, Tefsiru'l-Kur'an, 83).

Temiz kalplilik, İslam ahlakının esası olduğu gibi, İslam ahlakı da İslam dininin bir parçasıdır. Bunlar, birbirinden ayrılmadan, bir bütün halinde benimsenmesi gereken unsurlardır. Bu bağlamda bazen duyulan, 'kalbim temiz' diyerek ibadetlere önem vermemek de, ibadetlerin kalp temizliği için başlı başına yeterli olduğu düşüncesiyle kalp temizliğine önem vermemek de yanlış ve eksik kanaatlerdir. Kur'an'da iman, ibadet ve ahlak konuları, birbirinden ayırt etmeksizin ve birini yeterli görüp diğerlerini ihmal etmeksizin hep birlikte ve iç içe sunulmaktadır. Müslümanlar da bu bütünlüğe uymak zorundadırlar; dolayısıyla onlar, hem kalplerinin temizliğini önemseyip gereğini yapmak hem de bunu asla tek başına yeterli görmemek ve dini bir bütün olarak yaşamak durumundadırlar.

Her ahlaki erdemde olduğu gibi, temiz kalpliliğin gerçekleştirilmesi, mükemmeliyeti ve devamlılığı, tarihten veya günümüzden temiz kalpli insanları örnek almak ve olabildiğince o tür kişilerle arkadaşlık etmekle yakından ilişkilidir. Temiz kalplilik denince İslam tarihinde akla gelebilecek abide şahsiyetlerden ikisi olarak Hz. Hatice ve kızı Hz. Fatıma'yı hatırlayabiliriz. Hz. Hatice'nin kalp temizliği ve bunun dışa yansımış hali olan iffetli yaşamı, ona daha İslamiyetten önce çevresi tarafından layık görülmüş olan lakabından bellidir. Onun lakabı, *Tâhire* (temiz, arınmış, pak, iffetli) idi (Kandemir, 1997: 465).

Hz. Fatıma ise, müminleri ve bilhassa babasını öylesine temiz bir kalple severdi ve öylesine asil ve hanımefendi bir kişiliğe sahipti ki, Hz. Peygamber vefatından sonra, ailesinden ilk önce onun kendisine kavuşacağını ve onun "mümin kadınların hanımefendisi" olduğunu söylemişti (Buhari, Fezâilü ashâbi'n-nebi, 12). Geçmişten günümüze, gerçek anlamda hanımefendiliğin temel şartı, görgü ve nezaket kurallarını iyi bilip başarıyla uygulamaktan çok daha önce, asil ruhlu, yüce gönüllü ve temiz kalpli olmaktır. Hz. Fatıma'nın mümin kadınların hanımefendisi olmasının pekçok sebebi vardır; ama bunlardan birisi de onun temiz kalplilik faziletine çocukluğundan vefatına kadar en yetkin bir biçimde sahip olmasıdır.

1.2. İYİ NİYETLİLİK

Kalp temizliği, içimizde ve dışımızdaki bütün öteki erdemlerimizi ve eylemlerimizi olumlu yönde etkiler. Bu yönde etkilenmesi beklenenlerin başında, iyi niyetlilik gelir. İyi niyetlilik, kalp temizliğinin esasıdır. Niyet, dışa yansıtılacak tutum, davranış ve eylemlerimizin geri planında bulunan ve onları yönlendiren içsel karardır. Eğer niyet iyi ise, içteki niyet ile onun dışta yönlendirdiği davranış arasında tutarlılık ve uyum vardır; niyetin sonucundaki davranış da, kendisi gibi iyi olur. Niyet kötü ise, onun neticesinde yapılan eylem bazen iyi bazen kötü olur. Fakat niyet kötü olduktan sonra, sonucunda ortaya çıkan eylem görünüşte iyi bile olsa, ahlaken değerli bir eylem sayılmaz. Niyetteki tam kötülük veya kısmen kötü sayılabilecek olumsuz unsurlar, sonucun ahlaki değerini tamamen veya kısmen düşürür. Nitekim Peygamberimiz (s.a.s.) bir hadisinde cesur adam desinler niyetiyle yiğitçe savaşırken ölenin şehit sevabı alamayacağını, âlim desinler niyetiyle ilim öğrenip öğreten kişinin âlim sevabı alamayacağını, benzer şekilde cömert desinler niyetiyle yardımseverlik eden kişinin de ahirette gerçekten Allah rızası için cömertlik edenlerin aldığı karşılığı alamayacağını belirtmiştir (bkz. Müslim, İmare, 152).

İyi niyet, bütün eylemlerimizi gerçekleştirirken onların arka planında bulunan içsel sebeplerimizin, muhataplarımızın kötülüğünü değil iyiliğini ve zararını değil yararını amaçlamış olmasıdır. İyi niyet, yapacağımız eylemin amacına ilişkin planlarımız ve beklentilerimizin, o kişilerin hayrına olacak şekilde belirlenmesi ve kararlaştırılmasıdır. Erdemli insan, kendisine veya başkalarına yönelik her eyleminde iyiliği hedefleyen insandır; bu hedefine bazen ulaşır bazen de yanılgısından dolayı ulaşamaz. İyi niyet, yanılgıyı her zaman dışta tutamaz; iyi niyetli insan da bazen yanılır ve niyet ettiğinin tersine bir sonuçla karşılaşabilir. Fakat bu onun iyi niyetliliğine zarar vermez. Ona asıl zarar veren, ara sıra olabilen hata veya yanılgılar değil, kasten yapılan hileler, aldatmalar, yanıltmacalar ve yalanlardır. Nitekim şu ayette, iyi niyetli yanılmalardan sorumlu olunmadığı bildirilmektedir: ***"... Yanıldığınız hususta size günah yoktur; fakat bilinçli ve kasıtlı olarak yaptıklarınızdan sorumlusunuz..."*** (Ahzab/33: 5).

Herhangi bir eylem, görünüşte erdemli bir eylem bile olsa, iyi niyete dayanmıyorsa genellikle erdem sayılmaz. Örneğin, kötü niyete dayanan, art niyetli bir gözüpekliğe kim cesaret diyebilir ve sahibini övebilir? "İyi niyetsiz erdem, kötü niyettir ve erdem değildir." İyi niyet, bütün erdemlerin ön şartı olduğu gibi, onların bazısının doğmasına neden olan bir kaynaktır da. Onun varlığı insanı, cömertliğe, alçak gönüllülüğe, cesarete, adalete, vs. yakınlaştırır. Örneğin, sözleşmeler ve alışverişlerde kimseyi aldatmayarak adaletli olmak, düşündüğünü samimi bir şekilde söyleyerek cesaretli olmak, hakikat ortaya çıktığında kendi görüşünden farklı bile olsa kabul etme alçak gönüllüğüne sahip olmak, başka insanlar karşısında yardımsever ve cömert olmak gibi erdemler, hep iyi niyetlilikle ilişkili olan ve ondan destek alan erdemlerdir (Comte-Sponville, 2004: 259-60).

Amellerimizin, oluşturduğu sonuçtan önce, ona sevk eden içimizdeki niyetin iyiliği, halis ve katışıksız oluşu oranında değer kazanacağı hususu, hemen hemen her Müslümanın bildiği bir hadis-i şerifte çok açıkça belirtilmiştir: *"Ameller, niyetlere göredir ve herkes niyet ettiği şeyin karşılığını alır. Kimin niyeti Allah'a ve Resulüne hicret etmekse, eline geçecek sevap da Allah'a ve Resulüne hicret sevabıdır. Kim de elde edeceği bir dünyalığa veya evleneceği bir kadına kavuşmak için hicret etmişse, onun hicreti de hicret ettiği şeye göre değerlenir."* (Buhari, Bed'ü'l-vahy, 1; Müslim, İmaret, 155). Hadisteki ifadeler, eğer dinen bir değeri olacaksa, yapılan işlerin sadece Allah'ın emri olduğu için yapılmasının ve yalnızca Allah rızasını kazanmak gayesiyle gerçekleştirilmesinin şart olduğunu göstermektedir. Bu durumda da, ahlaklılıkta niyetin çok önemli olduğu ortaya çıkmaktadır.

Niyetin amele önceliği, hadis-i şeriflerde gözüktüğü gibi, Kant gibi bazı modern ahlak filozoflarında ve onu takip eden deontolojik etik geleneğinde de savunulur ve sürdürülür. Kant'a göre, "Dünyada, dünyanın dışında bile, iyi bir istemeden başka kayıtsız şartsız iyi sayılabilecek hiçbir şey düşünülemez....İyi isteme, etkilerinden ve başardıklarından değil, konan herhangi bir amaca ulaşmaya da değil, yalnızca isteme olarak yani kendi başına iyidir... bir mücevher gibi, kendi tüm değerini kendinde taşıyan bir şey olarak, kendi başına parıldar." (2002: 8-9). Modern Batı ahlak felsefesinde, niyeti önemsemek (niyetçilik, deontolojik etik) ile sonucu önemsemek (sonuççuluk, faydacı etik), Eflatun ve Aristo'dan beri süregelen erdem etiği geleneği karşısında iki büyük etik akımı haline gelmiş ve günümüzde de en etkin etik akımlardan ikisi olarak varlıklarını sürdürmektedirler.

Günümüzün Müslüman ahlakçıları, Batı dünyasında birbirinden iyice koparılıp uzaklaştırılmış bu iki diyalektik ve dikotomik uçtan birini seçip, öbürünü terk etmek durumunda değildir ve olmamalıdır. Burada bu konudaki derin felsefi tartışmalara girmek belki güzel ve yararlı olabilirse de bizi konumuzdan uzaklaştırır. Bu yüzden bunların ayrıntısına girmeden bu tartışmada kendi tarafımızı belirtmek ve bunu nasslara bağlı kalarak yapmak gerekirse, işin aslı, Müslüman için bunların her ikisinin de (niyetin de, amelin veya sonucun da) önemli olduğu, ancak önceliğin niyette olduğudur. İkisi de önemlidir, çünkü yukarıda değinilen "Ameller ancak niyetlere göredir." hadisi halk arasında çok daha meşhur olmakla birlikte, *"Ameller ancak neticelerine göredir."* (Buhari, Kader, 5) hadisi de vardır.

Bu durumda Müslüman için hem niyet hem de sonuç önemlidir ve yukarıdaki her bir hadis kendi bağlamına göre değerlendirilmeyi gerektirir. Ancak genel olarak bakıldığında, kötü niyetli bir iyi sonucun veya iyi bir sonuca varmayan pasif bir niyetin fazla önemli olmadığı gerçeğiyle birlikte, 'niyet sonuçtan önceliklidir' gibi bir yorumla, her ikisinin de yeri ve önemi belirtilmiş olabilir. Bu yaklaşımın temeli de şu hadiste görülmektedir: *"Allah sizin suretlerinize ve mallarınıza bakmaz; ancak kalplerinize ve amellerinize bakar."* (Müslim, Birr, 34). Görüldüğü üzere burada, hem niyet hem amel/sonuç birlikte anılmıştır; ancak önce zikredilen niyet olmuştur. Buradaki birliktelik de, sıralama da bizim için önemlidir: Niyet ve sonuç ikisi de önemlidir ve iyi olmalıdır; ancak öncelikli olan her zaman kalbin temizliği ve niyetin iyiliğidir. Niyet sâlih olmazsa, ibadetlerin bile adetten farksız olduğu ve Allah katında bir değer taşımayacağı şu ayette görülmektedir: ***"O kurbanlıkların ne etleri Allah'a ulaşır ne de kanları; O'na ulaşacak olan sadece sizin takvanızdır..."*** (Hac/22: 37).

İyi niyetlilik erdemini de, örnek bir kişi ve olayla tamamlamak istediğimizde, akla gelen ilk örneklerden biri, "Ameller niyetlere göredir." hadisinin söylenmesine neden olan olaydır. Yukarıda değinilen meşhur "Ameller niyetlere göredir." hadisinin şöyle bir olay üzerine Peygamberimiz tarafından söylendiği nakledilir. Hicretten sonra Mekke'deki Müslüman sahabelerden biri, Ümmü Kays adlı bir hanımı sevmekte ve onunla evlenmek istemektedir. Fakat o günlerde Ümmü Kays, Medine'ye hicret etmeyi düşünmektedir. Kendisiyle evlenmek isteyen sahabeye, eğer niyeti ciddi ise Medine'ye hicret etmesini, eğer ederse orada kendisiyle evlenebileceğini söyler. Aslında Mekke'deki kurulu düzenini henüz terk etmeyi düşünmeyen o sahabe, Ümmü Kays'la evlenmek niyetiyle Medine'ye hicret etmek zorunda kalır. Hicret ve evlilik gerçekleştikten sonra bu durumu bilen öteki sahabeler, "Muhacirü Ümmü Kays" (Ümmü Kays'ın muhaciri) diye takıldıkları bu sahabenin hicret sevabı kazanıp kazanmadığını aralarında tartışmaya başlarlar. Bunu duyan Hz. Peygamber, bu hadis ile meseleye açıklık getirir ve herkesin içindeki niyetine göre sevap kazanacağını bildirerek tartışmayı çözüme kavuşturur.

Yürü imdi medet iste akıldan
Esîr olmuş kişisin niçe yıldan
Akıl adl ıssı bir ulu kişidir
Medet etmek sana onun işidir

YUNUS EMRE (2006: 16)

2. AKILLILIK VE VİCDANLILIK

2.1. AKILLILIK

Akıl, doğru ile yanlışı, faydalı ile zararlıyı birbirinden ayırt etmemize yarayan, doğru ve faydalıya nasıl ulaşılacağının, yanlış ve zararlıdan nasıl kaçınılacağının yollarını gösteren, bunlar üzerine düşünerek bilinenden bilinmeyene doğru yeni keşifler ve icatlar yapan, bu üstün özellikleri itibarıyla insanı hayvandan ayıran en temel ayırt edici insani yetidir. Çok az istisnalar hariç her insan sağlıklı bir akla sahip olarak bu dünyaya gelmektedir; ancak onu gerektiği gibi kullanıp kullanamamak kişiden kişiye değişmektedir. Birçok kişi, bu en değerli yetisinden yeterince yararlanmadan hayatını geçirmekte, böylece onun kendisine sağlayabileceği pek çok faydadan kendisini mahrum etmektedir. Aklını kullanmayan ve akılsızlık eden pek çok kişi, eğitim-öğretim hayatında, evlilik hayatında veya sosyo-ekonomik hayatta yanlışlıklar yapıp başarısız olabildiği gibi, ahlaki hayatta da yanlış ve hatalı kararlar alabilmekte ve başarısızlığa düşebilmektedir.

Akıl birçok alanda insanı hatadan koruyup başarıya götürdüğü gibi, ahlak alanında da, insanın en büyük yardımcılarındandır. Ahlaki doğru ve yanlışı da, vicdan ve benzeri yetilerimizle ve dinin ışığı ile birlikte esas itibarıyla nihayette aklımızla bulur, aklımızla sonucuna eriştiririz. Dolayısıyla akıllılık, Allah vergisi, doğuştan gelen bir yetenek olduğu gibi, onu yerli yerinde ve yeterince kullanarak ahlaklılık adına ondan yararlanmak da aynı zamanda bir erdemdir. Çünkü aklını, özellikle akl-ı selim denilen, sağlam, sağlıklı ve imanından destek alan akılını iyi kullanan insanlar, ahlaki faziletlere daha yatkın olan ve onları daha fazla hayata geçiren insanlardır. Akıllı insan, her konuda akılsıza ve aklını kullanmayana fark atacağı gibi, ahlaklılık ve erdemlilik konusunda da fark atar ve üstün gelir. Yunus Emre gibi bir mutasavvıf şair bile, ahlaki erdemler ve erdemsizlikleri işlediği *Risâletü'n-Nushiyye* adlı eserinde, kibir, öfke ve benzeri bütün erdemsizliklerden şikayeti olanları her seferinde akla gönderir ve aklın tavsiyeleriyle nasıl şifa bulduklarını anlatır. Bu beyitlerinden biri şöyledir (2006: 16):

Yürü imdi medet iste akıldan
Esîr olmuş kişisin niçe yıldan
Akıl adl ıssı bir ulu kişidir
Medet etmek sana onun işidir

İslam ahlakçıları aklı ve akıllılığı o kadar önemsemişlerdir ki, onlardan biri olan Maverdi, *Edeb'üd-Dünya ve'd-Din* adlı meşhur ve oldukça hacimli ahlak kitabının beş ana bölümünden birincisini akla ayırmış, bu bölüme "Aklın İyiliği ve Nefsin Kötülüğü" başlığını vermiştir. Bu bölümün pek çok alt başlığından birincisi de yine dikkat çekici bir biçimde şöyledir: "Akıl İyiliklerin Temelidir". Buradaki tavsiyeleri de kulaklara küpe edilecek cinstendir. "Bil ki," der, "her iyiliğin bir temeli ve her edebin bir kaynağı vardır. İnsani iyiliklerin temeli ve beşeri edeplerin kaynağı da akıldır ki, Yüce Allah onu din için asıl ve dünya için direk kılmıştır. Bunun içindir ki Cenab-ı Allah, mükellefiyeti tam akıl sahibine yüklemiş; dünya işlerinin tedbir ve idaresini aklın hükümlerine uygun kılmıştır" (1982: 1).

Akıllı olmayanlar ve aklını kullanmayanlar, Kur'an'da şiddetle eleştirilmektedir. Bu ayetlerden birinde şöyle buyrulur: **"Şüphesiz, yeryüzünde yürüyen canlıların Allah katında en kötüsü, akıllarını kullanmayan (gerçeği görmeyen) sağırlar, dilsizlerdir."** (Enfal/8: 22). Akıllılığın ve akılsızlığın ahlaki erdemler ve erdemsizliklerle ilişkisi karşılaştırıldığında, akıllılığın ahlak için ne kadar gerekli bir erdem olduğu açıkça ortaya çıkmaktadır. Bir başka ayette de Cenab-ı Hakk, "*... **Allah, azabı akıllarını (güzelce) kullanmayanlara verir.***" (Yunus/10: 100) buyurarak aklını iyi kullanmanın dünya ve ahiret açısından ne kadar önemli olduğu konusunda bizi uyarmaktadır.

Maverdi, aklını kullanan ve kullanmayan iki insanı fazilet ve rezilet açısından kıyaslamakta ve akıllılığın erdemlilik açısından önemini çok bariz bir biçimde gözler önüne sermektedir. Ona göre, "Akıllı bir kimse, dost olduğu insana seve seve yardım eder. Düşman olduğu zaman da gücünü zulüm yolunda kullanmaz. Böylece aklıyla dostlarını mutlu eder ve adaletiyle düşmanlarının elinden tutar. Bir kimseye iyilik yaptığında karşılığında şükür beklemez. Birisi ona kötülük yaptığında da ya onu ma'zur görür yahut karşılık vermekten vazgeçip onu bağışlar." Akılsız kişi ya da ahmak ise hem kendisi dalalettedir, hem başkasını dalalete götürmektedir. Dostluk için kendisine yakınlık gösterildiğinde kibirlilik taslar; kendisinden uzak durulduğunda da kederlenir. Konuşturulmak istendiğinde konuşmaz; terk edildiğinde de konuşmak için kendini zorlar. Onunla oturup kalkmak aşağılıktır. Ona uyup kavga etmek beladır. Onunla konuşmak gaflet ve dostluğu zarar getirir. Ona yakın olmak kalp körlüğüne sebep olur. Onunla beraber olmak ebedi bedbahtlık sebebidir. (1982: 20).

Dolayısıyla İslam ahlakçıları, akıllılığı önemli erdemlerden biri olarak görmekte ve şiddetle tavsiye etmektedirler. İslam tarihi hem akıllı ve zeki hem ahlaklı ve erdemli insanların her zaman örnek alınmaya layık muhteşem hayat hikayeleriyle doludur. Akıllılığı ve keskin zekasıyla dikkat çeken sahabîlerden biri, her zaman Hz. Aişe olmuştur. Hz. Aişe validemiz, Kur'an-ı Kerim ve Hz. Peygamber'in sünnetini en iyi bilen ve anlayan sahabîlerin başında geliyordu. Zekası, anlayış kabiliyeti, öğrenme arzusu, kuvvetli hafızası, aşk ve imanı sayesinde çok iyi yetişmiş biriydi. Kur'an tefsiri yanında, sünnet-i nebeviyyeyi nakil ve şerh etmekle kalmamış, onun doğru anlaşılması hususunda ilmî tenkit zihniyetini ortaya koymuştu. İçtihat ve fetvaları, kendisinin bir fakih ve müçtehit olarak kabul edilmesini sağlamıştır. O, derin dini bilgileri yanında, Arap şiirine de çok hakimdi ve ezberinde çok sayıda şiir vardı. "Çocuklarınıza şiir öğretin ki dilleri tatlansın" derdi. Fesahat ve belagatiyle de ünlü bir hatipti (Fayda, 1989: 203-204). Bunlar ve benzeri olağanüstü özellikleri, Allah vergisi zekasının ve aklını iyi kullanmasının açık göstergeleriydi.

2.2. VİCDANLILIK

Vicdan, kendi yaptığımız ya da başkalarının yaptığına şahit olduğumuz davranışların iyi mi kötü mü, ahlaken doğru mu yanlış mı olduğunu kalbimizde bize hissettiren, daha sonra da bu hisler doğrultusunda bizi iyiyi yapmaya, kötüyü yapmamaya teşvik eden içsel bir rehberdir. O, yönlendirmelerine uyduğumuzda manevi bir huzurla bizi ödüllendiren, uymayıp kötülük yaptığımızda da bizi içten içe bir suçluluk duygusuyla cezalandıran ahlaki bir yetidir. Eğer bir insan, ahlaken "mükellef olduğu vazifeyi tamamen ifa ederse vicdân-ı ahlakimiz bir hoşnutluk duyduğu gibi, bunun aksine şayet yapılmaması iktiza eden bir şeyi yapmışsa, bir rahatsızlık, bir üzüntü duyar." Bundan dolayı, ahlakçılara göre, ahlaki vicdan, yapılan bir işin doğru ve sağlıklı olup olmadığının ölçüsüdür (Aynî, 2013: 34). Vicdan bizi hem ahlaki davranışlarda tutarsızlıklardan kurtarır, hem de dışarıdan bir kontrol olmadığı zamanlarda da ahlaklı davranmamızı sağlar (Güngör, 2010: 59).

Vicdan yetisi de, akıl gibi, insanı hayvandan ayıran en önemli yetilerden biridir. Vicdan ruhumuza yerleştirilmiş ilahi bir ses olmakla birlikte, her yeti gibi kullanılmayarak köreltilmeye veya değer verilip beslenerek geliştirilmeye uygun bir yapıdadır. Vicdanın sesinin gürlüğü ve ışığının parlaklığı, kişiden kişiye farklılık arz eder. Vicdansız denilen kimi insanlar, vicdanının sesini ve uyarılarını dinlemeyerek her türlü haksızlık, insafsızlık, acımasızlık ve zulmü bir vicdan azabı yaşamaksızın ya da onu kolayca bastırarak yapabilirken, başka bazı insanlar, herhangi bir sorumlulukları ve hatta müdahale imkânları olmayan alanlarda gerçekleştirilen bir haksızlık karşısında bile rahatsız olur, üzülür ve bir çözüm yolu bulmaya çalışırlar. Hiçbir şey yapamazlarsa en azından kalben o duruma karşı çıkarlar. İşte bu karakter yapısına sahip insanlar da vicdansızların aksine vicdanlı denen insanlardır. Onlar, vicdanlılık erdemine sahip üstün karakterli insanlardır.

Vicdanın kuvvetli veya zayıf olması, sadece doğuştan getirilen bir özellik olmayıp özellikle çocukluk çağında alınan terbiyeye bağlıdır. Kuvvetli bir vicdan, insanın kendi benliği hakkında iyi bir sezgi kazanmasıyla, içe bakış metodu sayesinde kendisini daha iyi bilmesiyle ve yaptığı hareketlerin ahlaka uygun olup olmadığını düşünmesiyle, sık sık 'nefs muhasebesi' yapmasıyla var olur. Vicdan ile birlikte, ahlaki şuur ve bilgiye, bir de duygu ve sezgi boyutu eklenmektedir. "İnsanı ahlaklı davranmaya iten asıl kuvvet işte bu duygu unsuru, yani ahlaki şuurun ahlaki vicdan haline gelmesidir. Vicdanlı insan kötü olduğunu bildiği bir hareket yaparsa bundan dolayı 'suçluluk' duyar" (Güngör, 2010: 59, 65). Vicdanın insandaki etkisi elbette sadece suçluluk duygusu değildir. Onun vicdan azabı tarafı olduğu gibi vicdan huzuru yönü de vardır ve bu da küçümsenemeyecek derecede güçlü bir ahlaki müeyyide, önemli bir ahlaki yaptırım kaynağıdır.

Vicdan dediğimiz yetimiz temiz kalp ile yakından bağlantılıdır. Vicdanın uyarılarına ve yönlendirmelerine en açık ve en duyarlı olan ruhsal yön, kir ve pasla gölgelenmemiş temiz kalptir. Temiz kalp, nazik ve kibar sesi net ve gür çıkan bir vicdanla âdeta eş anlamlıdır. Bazı hadisler buna benzer bir anlam yakınlığını çağrıştırmaktadır. Bir hadis-i şerifte Peygamberimiz (s.a.s.) şöyle buyurmaktadır: "*Allah kime hayır dilerse, kalbine, kendisine nasihat edecek bir ikaz edici verir.*" (Tirmizi, Tefsir, 2). Vicdan dediğimiz ahlaki yetimiz, bu hadis ekseninde düşündüğümüzde, kalbin içinde bulunup ahlaki iyilikler konusunda sahibine nasihat eden, ahlaki kötülüklere karşı da onu ikaz eden bir yetidir. Bu açıdan bakıldığında ahlaki sesi gür çıkan güçlü bir vicdana sahip olmak, aynı zamanda temiz bir kalbe, güzel bir ruha sahip olmaktır.

Vicdan, içimizdeki, iyilik yaptığımızda bizi huzur ve sevinçle ödüllendiren, kötülük yaptığımızda da üzüntü ve suçluluk duygusuyla cezalandıran hâkimdir. Peygamberimiz, bu duygunun gücünü imanla bağlantılı görmüştür. Ona göre, *"Kim bir iyilik yaptığında seviniyor, bir kötülük yaptığında üzülüyorsa o mümindir."* (İbn Hanbel, IV, 399). Başka bir hadis-i şerife göre ise müminin bu duruma gelmiş kalbinin veya vicdanının, ahlaki iyilik ve kötülük konusunda yol gösterici olduğu anlaşılmaktadır. Kendisine, "İyilik ne demektir?" diye soran Vâbisa b. Ma'bed isimli sahabîye Peygamberimiz şöyle cevap vermiştir: *"Sen fetvayı kendinden iste, sen fetvayı kalbinden iste, ey Vâbisa! İyilik, içinin huzurlu, gönlünün rahat olduğu şeydir. Kötülük ise insanlar sana yapmanı söyleseler bile içini tırmalayan, gönlüne rahatsızlık veren şeydir."* (Darimi, Büyu, 2).

Şudur cihanda benim en beğendiğim meslek:
Sözüm odun gibi olsun; hakikat olsun tek!

MEHMET AKİF ERSOY, (1981: 240)

3. DOĞRULUK VE DÜRÜSTLÜK

3.1. DOĞRULUK

İnsanın içinden geçen duygular, düşünceler ve niyetlerin dışa yansıdığı yerlerin başında çoğu zaman dili, konuşmaları ve sözleri gelir. Kalbi temiz, niyeti iyi, vicdanının sesi gür olan insanın sözleri de doğru olmalıdır. Doğruluk en önemli erdemlerden biridir ve dar anlamıyla insanın söylediği sözün yalan değil doğru olması; insanın yaptığı konuşmasının içinden geçirdiği duygu, düşünce ve niyetlere uygun olmasıdır. Doğruluk, dar anlamıyla doğru sözlülüktür; zıddı da yalancılıktır. Hz. Peygamber bir hadis-i şerifinde bu ikisine ve neticelerine şöyle işaret etmektedir: *"Hiç şüphe yok ki doğruluk iyiliğe götürür. İyilik de cennete götürür. Kişi doğru söyleye söyleye Allah katında sıddîk (doğru sözlü) diye yazılır. Yalancılık kötüye götürür. Kötülük de cehenneme götürür. Kişi yalan söyleye söyleye Allah katında kezzâb (çok yalancı) diye yazılır."* (Buhârî, Edeb, 69; Müslim, Birr, 103, 104).

Sözümüzün doğruluğundan kasıt (sözde doğruluk), hem ağzımızdan o an çıkan sözler ve yapılan konuşmalar hem geleceğe dönük olarak verilen sözler ve yapılan taahhütler hem de daha kalıcı olarak yazılan metinler ve eserlerdeki ifadelerin yalan değil doğru olmasıdır. Bunların doğruluğu, hem içimizdeki düşüncelere uygunluğu ve onlarla tutarlı olması hem de dış dünyadaki realiteye ve ahlaki değerler sistemine uygunluk ve mutabakatı ile olur. Sözümüz, dış dünyadaki gerçekliklere ve genel ahlaki değerlere uymazsa, bilimsel ve ahlaki açıdan doğru değil yanlıştır; sözümüz özümüze uymazsa, bu kez de biz kendimiz doğru ve dürüst bir kimse değil, insanları kandırmaya çalışan yalancı ve sahtekâr bir kimse olmuş oluruz.

Geniş anlamıyla ele alındığında ise doğruluktan kasıt, sadece söylenilen sözün doğru olmasından ibaret değildir; o aynı zamanda özdeki ve sözdeki doğrulukla uyumlu bir şekilde tutum, davranış ve eylemlerin de doğru olması anlamına gelir. Böylesine geniş anlamıyla kullanıldığında doğruluk, dürüstlük kavramıyla aşağı yukarı aynı anlama gelir. Davranışlarımız, dış çevreye yansıyan ve onları etkileyen ilişkilerimiz ve yapıp-etmelerimizdir. Geniş anlamıyla doğruluk (ve dürüstlük) erdemi, bütün fiillerimizin hem özümüze hem sözümüze hem de genel ahlaki değerlere uygun olması demektir. Kur'an-ı Kerim'de özü ve sözü birbirini tutmayan münafıklar (örn. Tevbe/9: 42) ve riyakârlar (örn. Mâun/107: 4-7) şiddetle ve sıklıkla kınandığı gibi, sözü ile davranışları birbirini tutmayan müminler de kınanır ve uyarılırlar. (Saff/61: 2-3). Bu açık uyarının gereği Müslümanın özü ile sözünün, sözü ile de yaptıklarının uyumluluk içinde olmasıdır.

Özellikle doğru sözlülük anlamında doğruluk şu ayetlerde müminlere emredilmektedir: ***"Ey iman edenler! Allah'a karşı gelmekten sakının ve doğru söz söyleyin ki, Allah sizin işlerinizi düzeltsin ve günahlarınızı bağışlasın. Kim Allah'a ve Resulüne itaat ederse, muhakkak büyük bir başarıya ulaşmıştır."*** (Ahzab/33: 70-71). Söylenilen sözün doğru olması gerektiği gibi 'ahde vefa' denilen, verilen sözün yerine getirilmesi de doğruluğun gerektirdiği özelliklerdendir ve Kur'an'da şöyle emredilmektedir: ***"… verdiğiniz sözü de yerine getirin. Çünkü söz (veren, sözünden) sorumludur."*** (İsra/17: 34). Peygamberimiz de bir hadisinde, doğru sözlülük ile sözünde durmayı arka arkaya zikrederek şöyle vurgulamıştır: *"Bana kendi adınıza altı şeyin güvencesini verin, ben de size cennetin güvencesini vereyim: Konuştuğunuzda doğru söyleyin, söz verdiğinizde sözünüzü tutun, size (bir şey) emanet edildiğinde ona riayet edin, iffetinizi koruyun, gözlerinizi* *(bakılması yasak olandan) sakının ve ellerinizi (haramdan) çekin."* (İbn Hanbel, V, 323).

Doğruluğun zıddı olan yalancılık ile onun türevleri olan iftira ve aldatıcılık, hepsi de günahtır ve erdemsizliktir. Örneğin, yalan konuşmak şu ayette yasaklanmaktadır: ***"… yalan sözden kaçının."*** (Hac/22: 30). Peygamberimiz, yalancılığı münafıklığın alametlerinden biri olarak göstermiştir: "Münafığın alameti üçtür: Söz söylediği zaman yalan söyler, vaat ettiği vakit sözünde durmaz, kendisine bir şey emanet edildiği zaman hıyanet eder." (Buhari, Edeb, 69). Başka bir hadisinde de o, *"Yalancılıktan kaçının. Çünkü ister ciddi olsun, isterse şaka yollu olsun yalan söylemek Müslümana yakışmaz."* (İbn Mace, Sünnet, 7) buyurmuştur.

Sadece apaçık yalan söylemek değil, yapmayacağın veya yapmadığın şeyi yapıyormuşsun gibi insanlara söylemek veya anlatmak da onları aldatmaktır ve doğruluğa, dürüstlüğe aykırı olup büyük günahtır. Ayetlerde bu davranışlar da kınanmakta ve müminler açıkça bunlardan sakındırılmaktadır: ***"Ey iman edenler! Yapmayacağınız şeyleri niçin söylüyorsunuz. Yapmayacağınız şeyleri söylemeniz, Allah katında büyük gazap gerektiren bir iştir."*** (Saff/61: 2-3). Ahirette helake götürecek olan yalancılık ve benzerleri olduğu gibi, kurtuluşa erdirecek olan da doğruluk ve dürüstlüktür. Nitekim bir ayette Cenab-ı Hak şöyle buyurmaktadır: ***"… doğru erkeklerle doğru kadınlar … var ya, işte onlar için Allah bağışlanma ve büyük bir mükâfat hazırlamıştır."*** (Ahzab/33: 35). Yunus Emre de şiirlerinde (2006: 417) doğruluğun manevi ve uhrevi faydalarına şöyle yer vermiştir:

İnce sırat köprüsü sıfat imiş bu yolda
Dosta giden kişinin doğruluktur çâresi
Kimde kim doğruluk var Hak Çalap onu sever
İki cihana yarar ol erin sermâyesi

Yalanın ve iftira gibi türevlerinin dışında, aslında gerçeğe uygun olma anlamında doğru bile olsa, söylenmesi ahlaken yanlış olan başka sözler de vardır. Bunlardan biri gıybettir. Gıybet, insanların gizli kalmasını istedikleri bazı halleri ve kusurlarını başka bazılarının onun gıyabında konuşması ve sohbet konusu yapmalarıdır. Böyle konuştuklarını duymuş olsa üzüleceğini bile bile bazı insanlar birbirlerinin aleyhinde açıktan veya fısıldayarak konuşabilmekte, kendileri tamamen kusursuzmuş gibi en ufak kusurları abartarak kınamakta, özel hayatın gizliliği perdesini yırtmaktadırlar. Oysa gıybet, dinimizin çok önemli yasaklarındandır (bkz. Hucurat: 12).

İçeriği doğru olsa bile konuşulması uygun olmayan bir başka sözlü fiil, koğuculuktur. Koğuculuk, bir tür gıybet olduğu gibi onun bir derece daha kötü çeşididir. Koğuculukta, özellikle birbiriyle yakın ve akraba olanlar, dost veya meslektaş olanlar arasında gıybet içerikli olumsuz sözler karşılıklı götürülüp getirilerek ikisinin arası açılmaya, ikisinin arasındaki dostluk ilişkileri zedelenmeye, güven bağı koparılmaya çalışılır. Dolayısıyla bu, sonuçları itibarıyla dostluk ve akrabalık ilişkilerine ve toplumsal huzura gıybetten daha fazla zarar verir ve bu yüzden gıybetten daha da kötü bir erdemsizliktir.

Sözün ve konuşmanın, doğru olması gerektiği gibi, doğruluğunun yanında birtakım ilave edepleri daha vardır. Ahlaklı ve terbiyeli kişi bunlara da uymaya çalışmalıdır; zira konuşmasında bunları ihmal ederse yalancılık ve benzeri bir ahlak dışı söz sarf etmekle suçlanmasa da, "sözünün parlaklık ve güzelliği gider". Konuşmada gözetilmesi gereken bu türden ilave edepler şunlardır: 1) Aşırı övgü ve yergide bulunmamak. 2) Yapmayacağı şeyleri vaat etmemek. 3) Söyledikleri ve söz verdiklerini mutlaka gerçekleştirmek. 4) Ses tonunu amacına göre ayarlamak. 5) Sesini çok yükseltmemek ve bağırarak konuşmamak. 6) Çirkin ve müstehcen sözlerden kaçınmak; bunları kendisi konuşmadığı gibi konuşulan ortamlarda durmayarak onaylamadığını göstermek. 7) Düşük tabakadan insanların basit ve çirkin misal ve teşbihleriyle değil, edip ve âlimlerin aklen uygun ve kalben makbul misalleri ve güzel dili ile konuşmak (Maverdi, 1982: 457-62).

Abdullah b. Amr'ın annesi, genel olarak doğruluğa ve yukarıda değinilen bir ayette belirtilen doğru sözlü kadınlara, iyi bir örnek olsa gerektir. O, çocuğunu yanına çağırırken söylediği sözde bile yalandan uzak duran biriydi. Abdullah b. Amr diyor ki: Peygamberimizin bizim evimizde bulunduğu bir sırada annem beni yanına çağırdı ve 'Gel sana bir şey vereceğim' dedi. Peygamberimiz anneme 'çocuğa ne vermek istedin?' diye sordu. Annem, 'hurma vereceğim' diye cevap verdi. Bunun üzerine Peygamberimiz: *'Eğer onu aldatıp bir şey vermeseydin, sana bir yalan günahı yazılırdı'* buyurdu" (Ebu Davud, Edep, 88). Bu hadise ve bu hadis-i şerif, çok çok özel ve ruhsat verilen istisnai durumlar dışında, günlük hayat içinde masum sayılabilecek yalanların bile doğru olmadığını ve Müslümana yakışmadığını göstermektedir. Öyle görünüyor ki, Müslümanın birbirini iknası, birbirine iltifatı ve birbiriyle şakası bile yalan değil doğruluk üzere olmalıdır.

3.2. DÜRÜSTLÜK

Doğruluk ve dürüstlük erdemleri, birbiriyle çok yakından ilişkilidir ve hatta çoğu zaman biri öbürünün anlamını içine alacak şekilde kullanılır. Doğruluk dendiğinde aynı zamanda dürüstlük, dürüstlük dendiğinde de aynı zamanda doğruluk akla gelir. İslam ahlak geleneğinde daha ziyade doğruluk (sıdk) tabiri ön planda görülmektedir. Son zamanlarda Türkçe ahlak dilinde ise daha çok dürüstlük kavramı ön plana çıkmış gözükmektedir. Aradaki nüansı, küçük farklılığı şu şekilde belirtmek mümkündür. Doğruluk, dar ve ilk akla gelen anlamıyla sadece sözün doğruluğudur ve bunun zıddı da sözün yalan, sahibinin yalancı olmasıdır. Geniş anlamıyla doğruluk ise, dürüstlükle eş anlamlıdır; sadece sözün değil bir bütün olarak insanın bütün duygu, düşünce ve yapıp etmelerinin doğru olmasıdır. Bu anlamda doğruluk ve dürüstlüğün zıddı sadece yalan ve yalancılık değil, bunlara ilaveten daha gizliden gizliye yapılan her türlü sahtekârlık, aldatıcılık, kandırıcılık, ikiyüzlülük ve benzeri olumsuz davranışlar ve kişilik bozukluklarıdır.

Dar anlamıyla doğruluk, daha ziyade söz ile ('doğru söz') ve hüküm ile ('doğru bir karar') alakalı iken, dürüstlük daha ziyade insanın zatıyla ('dürüst bir insan') ve kişilikle ('dürüst bir kişiliğe sahip') alakalıdır. Aynı kökten gelmekle beraber sadık ve sıddık kelimeleri de doğruluk ile dürüstlüğün farkını anlamakta yararlı olabilir. Bu açıdan bakıldığında sadık, doğru sözlü, doğru kişi; sıddık ise çok doğru, yani sadece sözü değil her şeyi doğru, tek kelimeyle dürüst kişi anlamına gelir. Hem sözün hem de kalbin doğruluğu, yani birden çok yönün doğru olması, dürüstlüğün ilk alametlerindendir. Hem kalpte hem de dilde doğruluğun birbiriyle ve imanla ilişkisi konusunda Peygamberimiz şöyle buyurmuştur: *"Kulun kalbi doğru oluncaya kadar imanı dosdoğru olmaz. Dili doğru oluncaya kadar da kalbi dosdoğru olmaz"* (İbn Hanbel, III, 1999).

Doğruluk ile karşılaştırmayı bir yana bırakıp kendi başına tanımlamak istediğimizde dürüstlük, özümüzün, sözümüzün, davranışlarımızın ve bir bütün olarak hayatımızdaki bütün işler ve ilişkilerin, hem kendi aralarında birbirlerine uygunluğu hem de ahlaki değerlere uygunluğu anlamına gelir. Bir kişiye, 'dürüst bir insan' diyebilmek için onun hayatında yaptığı bütün işler ve kurduğu bütün ilişkilerin doğruluk ve dürüstlük ilkeleri üzerine oturtulmuş olması gerekir. Doğruluk, o kişinin değişmez huyu ve karakteri haline gelmiş olmalıdır. O kişi, bireysel ve ailevi hayatında dürüst olduğu gibi, toplumsal ve mesleki hayatında da, çalıştığı sektör ve yaptığı iş ne olursa olsun her zaman doğru ve dürüst biri olmalıdır. Mevlana'nın "Ya olduğun gibi görün ya göründüğün gibi ol." sözü, dürüstlüğü anlamak ve ilke edinmek isteyenler için bulunabilecek en veciz ifadelerden biridir.

Dürüstlükten yahut sadece sözümüzün değil özümüzün doğruluğundan kasıt (özde doğruluk), ruhumuzun akıl, gönül, vicdan, irade gibi yetilerinin düşünce, duygu, değer biçme, kararlılık, niyet, inanç gibi içimizde gerçekleşen işlevlerinin ahlaki değerlere uygunluk bakımından yanlış değil doğru, kötü değil iyi olmasıdır. İçimizdeki ruhsal yetilerimizin doğruluğu, örneğin, niyetlerimizin kötü değil iyi ve içtenlikli olması, duygularımızın kin ve nefret gibi olumsuz duygulardan değil sevgi ve merhamet gibi yüce duygulardan oluşması, düşüncelerimizin çıkarcı ve entrikacı kurnazlıklarla değil herkes için ortak iyinin gerçekleştirilmesine yönelik idealist projelerle ilgili olması gibi anlamlara gelir.

Özü doğru insanın, öteki insanlara ilişkin niyetleri, duygu ve düşünceleri doğru olduğu gibi, vicdanı da özgür ve güçlüdür; doğruya içten içe rehberlik eder, yönlendirir ve ödüllendirir. Bunlar ve benzeri özsel yetilerimizin, kısaca özümüzün doğruluğu, dürüstlüğün aslını, ahlaklılığın da içte ve derindeki özünü oluşturur. Kur'an-ı Kerim, kişinin her hal ve hareketinin doğru ve böylece kendisinin de dürüst olması gerektiğini hatırlatarak bu konuda dualarla Allah'tan yardım dilenmesini öğütlemekte ve öğretmektedir: ***"Ve şöyle niyaz et: 'Rabbim! Girilecek yere doğrulukla girmemi, çıkılacak yerden de doğrulukla çıkmamı sağla. Bana tarafından yardımcı bir güç ver."*** (İsra/17: 80).

Doğru, dürüst kişi, doğal olarak bu erdemlere aykırı huylar ve davranışlardan da uzak durmalıdır. Örneğin, dürüst bir kişinin içinde öteki insanlara karşı art niyetlilik, bozuk fikirlilik, kötü kalplilik olmamalı; sözünde yalan, iftira, gıybet bulunmamalı; davranışlarında aldatma, kandırma, sahtekârlık, samimiyetsizlik olmamalı; bir bütün olarak yaşantısı, münafıklık, riyakârlık, iki yüzlülük, gösterişçilik gibi dinî ve ahlaki olumsuzluklardan ve kişilik bozukluklarından uzak olmalıdır. Bu tür özellikler tarih boyunca neredeyse bütün insanlar tarafından ahlaken kınanan ve dinimiz açısından da Kur'an'da açıkça yasaklanan erdemsizliklerdir. Dürüstlüğün karşıtı olan sahtekârlık ve hilekârlığın kınandığı ayetlerden biri şöyledir: ***"Ölçüde ve tartıda hile yapanların vay haline! Onlar insanlardan (bir şey) ölçüp aldıkları zaman tam ölçerler. Fakat kendileri onlara bir şey ölçüp yahut tartıp verdikleri zaman eksik ölçüp tartarlar."*** (Mutaffifin/83: 1-3). Hz. Peygamber de bir hadis-i şerifinde, *"Bizi aldatan bizden değildir."* (Müslim, İman, 164) buyurmuştur. Aldatanlar dürüst davranmayanlardır. Dolayısıyla dürüst olmamak, Müslümanlıkla uyuşmayan bir erdemsizliktir.

Doğruluk ve dürüstlük, sahibini pek çok psikolojik rahatsızlıktan korur ve kendisiyle barışık kılar. Özü, sözü ve davranışları arasında uyum ve tutarlılık olmayıp, aksine uyumsuzluk, tutarsızlık, bölünmüşlük, parçalanmışlık olan kişi, kimliğini ve kişiliğini bir bütün olarak ortaya koyamayan, özgüvensiz, kaygılı, endişeli, sıkıntılı, sorunlu bir ruh hali içinde olur. Böyle bir kişi, kendi içinde sağlamış olması gereken sağlıklı iç barıştan yoksundur. İçindeki bu gerilimli ve çatışmalı huzursuz hal, çeşitli davranış bozukluklarına yol açar. Özü, sözü ve eylemleri arasında uyum ve barışı yakalamış dürüst insan ise, bu tür kaygılardan uzak, huzurlu bir kişilik yapısına sahip olur. İçindeki bu huzur hali zaten dışına da yansır ve yüzünde âdeta dürüstlükten gelen huzur ve güven ışıltısı olur. İbn Hazm'ın dediği gibi, "Dürüstlüğü karakter haline getirmiş kimsenin en adil şahidi onun yüzüdür. Çünkü yalan söylediğinde veya söylemeye niyetlendiğinde yüzü onu ele verir." (2012: 247).

Doğru ve dürüst olmayan kişiler, suret-i haktan görünerek bazen çevresindeki insanları aldatabilse ve bundan kimi çıkarlar elde edebilse bile, bu tür kandırmacalar uzun süreli olmaz ve bu tür kişilerin maskeleri er ya da geç düşer ve foyaları ortaya çıkar. 'Yalancının mumu yatsıya kadar yanar.' atasözü bu gerçeği dile getirmektedir. Gerçek anlamda dürüst olmayan kişiler sonuçta, kendisine güvenilmeyen, kendisiyle yakın ilişki kurulmak istenmeyen, saygı gösterilmeyen ve sevilmeyen biri olup çıkar. Doğru ve dürüst kişi ise aksine toplum içinde güvenilen, kendisine ve görüşlerine itimat edilen, sevilen ve sayılan biri olur. Bu değerler neticesinde oluşan saygınlık; sahibini özgüvenli, cesaretli, huzurlu ve mutlu yapar. Dürüstlük konusunda birbirine güvenen insanlardan oluşan toplumlarda karşılıklı yardımlaşma ve dayanışma duyguları güçlü olur ve böyle toplumlar kriz dönemlerini çok daha kolay ve sorunsuz atlatırlar.

Kanayan bir yara gördüm mü yanar tâ ciğerim.
Onu dindirmek için kamçı yerim, çifte yerim.
Adam aldırma da geç git, diyemem, aldırırım:
Çiğnerim, çiğnenirim, hakkı tutar kaldırırım.

MEHMET AKİF ERSOY, (1981: 400)

4. HAKKANİYET VE ADALET

4.1. HAKKANİYET

Kalp temizliği gibi içimizdeki değerlerden, doğruluk gibi dilimizdeki erdemlere doğru ilerleyip dilimizdekilerden de toplumsal çevremizdeki erdemlere doğru yöneldiğimizde karşımıza çıkan en önemli ilk erdem, hakkaniyet erdemidir. Doğruluk ve dürüstlük erdemleri birbirine çok yakın erdemler oldukları gibi, hakkaniyet ve adalet erdemleri de birbirine çok yakın erdemlerdir. Bunlar arasındaki ilişki çok sade ve çok kuşatıcı bir dille ifade edilmek istendiğinde denebilir ki, mülkün temeli adalet ise, adaletin temeli de hakkaniyettir. Adaletin, hak ve hakkaniyet temeline dayalı olarak gerçekleştirilmesi gerektiği şu ayette görülmektedir: ***"Yarattıklarımız arasında hakka götüren ve hakkın ışığında adil davranan bir topluluk vardır."*** (Araf/7: 181). Dolayısıyla adaletten önce hakkaniyetten bahsetmek ve adalet erdeminden önce hakkaniyet erdemini kendinde gerçekleştirmek veya geliştirmek gerekmektedir.

İnsanların doğuştan getirdikleri ve sonradan kazandıkları çeşitli hakları vardır. Bu haklar, ahlak ve hukuk çerçevesinde belirlenir. Haklar verilir ve dağıtılırken de haksızlığa uğranması karşısında hak aranırken de ahlak ve hukuk sınırları içinde kalmak esastır. İslam dini açısından haklar ve sınırları hududullah, (Bakara/2: 187; Nisa/4: 14;

Mücadele/58: 4) esas itibarıyla ilahi kaynaklı olarak belirlenmiş ve İslami gelenek içinde en geniş kapsamıyla 'Allah'ın hakları' ve 'kul hakları' diye ikiye ayrılmıştır. Kul hakları da kendi arasında zamanla az çok değişip gelişebilen pek çok alt gruba ayrılmaktadır. İşte hakkaniyet erdemine sahip olan bir insandan beklenen, hayatı boyunca bu hakların hepsine riayet etmesi ve hiçbir varlığa hiçbir şekilde haksızlık etmemesidir.

Örneğin, bu hakların en temel olanlarından iki tanesi olan Allah hakkı ve ana-baba hakkı şu ayette bir arada zikredilmektedir: ***"Rabbin, sadece kendisine kulluk etmenizi ve anne babanıza iyi davranmanızı emretti. Onlardan biri veya ikisi senin yanında yaşlanırsa onlara 'öf' bile deme! Onları azarlama. İkisine de gönül alıcı güzel sözler söyle."*** (İsra/17: 23).

En temel hakların başında gelen hayat hakkıyla ilgili ayetlerden birine de değinmekte yarar vardır: ***"O soylu müminler, Allah ile birlikte başka bir tanrıya tapmazlar; haksız yere, Allah'ın dokunulmaz kıldığı insan hayatına kıymazlar, zina etmezler. Zira (bilirler ki) bunları işleyen kimse cezasını bulacaktır."*** (Furkan/25: 68). Hayat hakkı o kadar kutsal ve dokunulmaz bir haktır ki, Kur'an'da, haksız yere bir insanı öldürmek bütün insanları öldürmekle eş sayılmıştır: "İşte bundan dolayı İsrailoğullarına şöyle yazmıştık: 'Bir cana kıymaya veya yeryüzünde fesat çıkarmaya karşılık olması dışında, kim bir kimseyi öldürürse bütün insanları öldürmüş gibi olur. Kim de bir can kurtarırsa bütün insanların hayatını kurtarmış gibi olur.'" (Maide/5: 32).

Hak ve hakkaniyet, bu dünyada geçerli bir erdem olduğu gibi öte dünyada da kendisine uyularak hüküm verilecek mutlak bir değerdir. Kıyamet ve Hesap Gününde hakkaniyetle hüküm verileceği ve hiç kimseye haksızlık yapılmayacağı Kur'an'da şöyle belirtilir: "Artık Rabbinin nuruyla yer aydınlanır, hesap kitap ortaya konur, peygamberler ve şahitler getirilir, insanlar hakkında hak ve adalet ölçüsüne göre hüküm verilir, onlara asla haksızlık edilmez" (Zümer/39: 69). O hesap gününde sıkıntıya düşmemek için, hayatı yaşarken veya hüküm verirken, her varlığa karşı daima hak ve adalete göre davranmak ve asla haksızlık etmemeye gayret etmek şarttır.

4.2. ADALET

Adalet, hakkaniyete ve hukuka uygun olarak her hak sahibine hakkını, her haksızlık yapana da yetkili kişi eliyle cezasını vermektir. Her durumda, her hak sahibine hakkını hakkaniyetli bir biçimde veren kişiye, adaletli veya adil kişi denir. Adalet denildiğinde akla hemen ceza ve adli hukuk sistemi gelmemelidir. Onlardan çok daha önce ve çok daha genel anlamıyla adalet ahlaki bir erdemdir ve özü itibarıyla cezalandırmaktan ziyade hakkaniyete dayanır. Bu anlamıyla ahlaki bir erdem olan adalet, hayatın her aşamasında hak ve hakkaniyete duyarlıklı olarak yaşamak, her hak sahibine hakkını vermek, hiç kimseye zerre kadar da olsa haksızlık ve zulüm yapmamak anlamına gelir.

İbn Hazm'ın dediği gibi, "Adalet, her korkulu olanın sığındığı kaledir. Öyle ki, zalim olan olmayan herkes, bir başkasının kendine kötülük etmek istediğini görünce hemen adalete sığınır, zulmü kötülemeye ve kınamaya başlar. Hiç kimsenin adaleti kötülediği görülmemiştir. Karakterinde adalet olanlar, bu muhkem kalenin sakinleridir." (2012: 235). Ragıp el-İsfahani de adaletin önemini, öteki erdemlerle karşılaştırarak gösterir. Ona göre, "adaleti terk edenin erdemli olması da mümkün değildir. Erdemli olmak ancak adalete uymakla sağlıklı olur. Adalet, farz ve vacip olanı yapmaktır. Erdem ise farzın üstünde bir artıdır. Aslı mevcut olmayan şeyin üstünde artı olabilir mi?" (2010: 86). Bunlar ve benzeri öneminden dolayı adalet, başka pek çok ayette vurgulandığı gibi, Nahl suresi 90. ayetteki emirler ve yasaklar listesinin en başında zikredilmektedir: ***"Muhakkak ki Allah adaleti, ihsanı, akrabaya karşı cömert olmayı emreder; hayâsızlığı, kötülüğü ve zorbalığı yasaklar. İşte Allah, aklınızı başınıza alasınız diye size böyle öğüt verir."***

Adaletin tanımındaki birinci ana kavram, hak ve hak sahibi kavramlarıdır. Hak, bazen doğuştan getirilen ve zorunlu olarak o kişiye verilmek zorunda olan ayrıcalık, bazen de bir dağıtım veya paylaşım yapılırken ilgili kişiye düşen hisse veya paydır. Bu pay kendisine düşen kişiye, hak sahibi denir. Yaşama hakkı gibi doğuştan getirilen doğal haklar ya da sonradan yapılan dağıtım veya paylaşımda ortaya çıkan haklar, bazen herhangi bir haksızlık yapılmadan hakkaniyetli bir biçimde sahibine verilir. Ölen bir kişiden kalan mirasın, hukuka uygun ve hakkaniyetli bir biçimde hak sahiplerine dağıtılması gibi. Bazen de hak sahibine, hukuka göre hak ettiği ayrıcalığın veya payın verilmediği, hukuk ve ahlak dışı durumlarla karşılaşılır. Bu durumda, yetkili merciler devreye girer ve yapılan hukuksuzluk ve ahlaksızlık giderilir; gerekirse buna neden olan kişiye ceza verilir. Hakların daha baştan usulüne uygun bir biçimde verilmesi ve dağıtılmasına genellikle "dağıtıcı adalet" denirken, haksızlık yapıldıktan sonra yetkili hukuki ve cezai mercilerce düzeltilmesine de genellikle "düzeltici adalet" denir. Böylece türü ne olursa olsun adalet, hak sahiplerinin haklarının verilmesine ve her dâim korunmasına yönelik çok önemli bir toplumsal ahlaki erdem ve hukuki ilkedir.

Adaletin tanımındaki önemli kavramlardan biri, hakkaniyete ve hukuka uygunluktur. Bir dağıtım esnasında ilgili kişilerin hak ettikleri hisseyi tespitin yolu, hukuka uygunluktur; hukuk da bunu tespit ederken, hakkaniyete uygunluğu dikkate alır. İdeal olan, hukuka yahut yasalara uygun olanın, aynı zamanda hakkaniyete de uygun olmasıdır. Hakkın dağıtımını yapan yetkili kişi, bunu kendi keyfî kararlarına göre değil, ahlaki hakkaniyete ve onunla uyum içinde olması umulan geçerli hukuk yasalarına göre yapar.

Bu anlamda adaletin, eşitlik ile de yakından ilgisi olmakla birlikte ondan farklı yönleri de vardır. Bu fark, yarış ve ödül örneğinde gözükmektedir. Bir yarışta, tüm katılımcıları eşit çizgiden başlatmak, eşitlik; ama sonuçta her yarışçıya eşit ödül değil, dereceye girenlere, derecelerine uygun düşen farklı ödüller vermek, hakkaniyet ve adalettir. Örneğin, devletin çeşitli makam ve mevkileri, vatandaşlıkta eşit olan her vatandaştan herhangi birine değil, liyakat ve ehliyeti, bilgi ve becerisi ile o makama getirilmeyi hak eden kişiye verilir.

Nitekim Allah'ın emri de bu doğrultudadır: ***"Allah size, emanetleri mutlaka ehline vermenizi ve insanlar arasında hükmettiğiniz zaman adaletle hükmetmenizi emreder. Allah size ne güzel öğütler veriyor. Şüphesiz Allah her şeyi işitmekte, her şeyi görmektedir"*** (Nisa/4: 58).

Adalet ile hükmetme veya adalet ile şahitlik etme konumunda iken karşımızdakiler kim olursa olsun herkese eşit ve hakkaniyetli davranmak, Kur'an'ın adaletle ilgili kesin hükümleri ve uyarılarındandır. Gerçekten ahlaklı olan bir Müslüman için hiçbir durum adaletin göreceleştirilmesine ve dolayısıyla çarpıtılmasına neden olamaz. Adaletin tam bir tarafsızlık ve bağımsızlık içinde gerçekleştirilmesi önündeki olası engellerin birçoğu şu ayette bildirilmektedir: ***"Ey iman edenler! Kendinizin veya anne babanızın ve akrabanızın aleyhine de olsa adaletten asla ayrılmayan, Allah için şahitlik eden kimseler olun. (İnsanlar) zengin olsunlar, yoksul olsunlar Allah onlara sizden daha yakındır. Öyleyse siz hislerinize uyup adaletten ayrılmayın. Eğer adaletten sapar veya üzerinize düşeni yapmaktan geri durursanız bilin ki Allah yaptığınız her şeyden haberdardır."*** (Nisa/4: 135).

Adaletten sapma nedenleriyle ilgili burada sayılanlara ilave edilmesi gereken bir başka önemli husus da, Maide suresi 8. ayette belirtilen kin duygusudur. Cenab-ı Hak, buna karşı da müminleri şöyle uyarmaktadır: "Ey iman edenler! Allah için hakkı ayakta tutun, adaletle şahitlik eden kimseler olun. Herhangi bir topluluğa duyduğunuz kin, sizi adaletsiz davranmaya itmesin. Adaletli olun; bu, takvaya daha uygundur. Allah'tan korkun. Şüphesiz Allah yaptıklarınızdan haberdardır." Topluluklar ve toplumlar arası ilişkilerde duygusallığın yeri olmamalı, ilişkiler evrensel değerlere göre yürütülmelidir. Duygusal bir durum olan kin, toplumların erdemini içten içe kemiren, çürüten ve ölüme götüren bir güçtür. Kin, önce adaleti, sonra takva ve ihsan erdemlerini, sonra da sosyal ve siyasi ilişkileri bozan ölümcül bir mikrop gibidir. Allah Teâlâ ise sosyal ve siyasal ilişkilerin, duygusallıklar üzerine değil akıl ve adalet gibi değerler üzerinde yapılandırılmasını öngörmektedir (Bayraklı, 2011: 214).

Yakınlık veya düşmanlık gibi etkilerden uzak bir biçimde adaleti gerçekleştirirken, sorgulama yapmadan karar vermeme, başka bir deyişle yargısız infazda bulunmama, suçun şahsiliği ilkesini ihlal etmeme ve haddi aşmama, ayrıca ceza vermek gerekiyorsa suça denk bir ceza verme ve daha fazlasını vermeye kalkışmama adaletin uygulaması ile ilgili temel bazı gerekliliklerdir. Cezanın suça denk olması gerektiği, ahlaken kemale ermiş kişilerin suçu affedip cezadan hepten de vazgeçebileceği, şu ayette belirtilen önemli bir husustur: ***"Bir kötülüğün karşılığı ona denk bir davranıştır; ama kim bağışlar, düzeltme yolunu tutarsa onun mükâfatını Allah verir. Hiç şüphe yok ki o haksızlık edenleri sevmez."*** (Şura/42: 40).

Adaletin üzerinde titizlikle durulan tarafı, vatandaşlar arasında eşitlik ve hukuk tarafından verilen cezanın suça denk olmasıdır. Geçmiş yüzyıllarda insanlar mahkemede eşit muamele görmeyi ve adaletle hükmedilmeyi adalet için yeterli görüyorlardı. Günümüzde devletten beklenen görevler çok daha genişlediği için adalet anlayışı da daha geniş bir mana kazanmış bulunuyor. "İnsanlar devletten kendilerini sadece korumasını değil, kendilerine yardım etmesini de istemektedirler. Böylece yargı adaleti yanında bir de sosyal adalet kavramı ortaya çıkmıştır. Sosyal adalet, insanlar arasındaki sosyal ve iktisadi eşitsizliklerin giderilmesi, insanlara fırsat ve imkân eşitliği verilmesi yolunda devletin birtakım tedbirler alması demektir." (Güngör, 2010: 107-108). Sosyal adaletsizlik, Necip Fazıl Kısakürek'in (2008: 407) şu mısralarında tasvir edilen hakkaniyetsiz ve adaletsiz sosyo-ekonomik durumdur:

Allah'ın on pulunu bekleye dursun on kul;
Bir kişiye tam dokuz, dokuz kişiye bir pul.

Oysa sosyal adaletsizlik ve haksızlıklar da, hukuki ve ahlaki adaletsizlikler ve erdemsizlikler gibi İslam'ın onaylamadığı ve ortadan kaldırmaya çalıştığı olumsuzluklardandır. Dolayısıyla kavram olarak yeni de olsa, sosyal adaletsizlik sorunu ve sosyal adalet ideali Müslümanlar için yeni bir durum değildir. Cenab-ı Hakk, zenginlik ve servetin toplumun sadece, mutlu bir azınlık kesiminin elinde olup, kalan çoğunluğun yoksulluktan kıvranarak sefalet içinde ömür tüketmesini kınayıp yasaklayarak ilgili hükümler bildirmiştir. Bu konudaki ayetlerden birinde şöyle buyrulmaktadır: ***"Allah'ın (başka) beldeler halkından alıp resulüne fey' olarak verdikleri, Allah'a, peygambere, yakınlara, yetimlere, yoksullara ve yolda kalmışlara aittir; (servet) içinizden sadece zenginler arasında dönüp dolaşan bir şey olmasın diye böyle hükmedilmiştir..."*** (Haşr/59: 7).

Sosyal adaletin siyasetle de yakından ilişkisi vardır ve bu konuda farklı görüşler öne sürülebilmektedir. Bu konudaki tartışma, özelde adalet, genelde ise ahlak ile siyaset ilişkisi üzerinedir. Hilmi Ziya Ülken'in bu konudaki yaklaşım ve yorumları gayet isabetli gözükmektedir. Ona göre, eskiler demişlerdir ki, 'Siyaset ahlak ile olmaz, yarın iyilik yapabilmek için gerekirse bugün kötülük yapmak gerekir.' Ne var ki, Ülken'e göre eskiler yanılmışlardır. "Adalete asla zulümle varılamaz. İyiliğe giden yol kötülükten geçmeyecektir. Zulüm, zulüm için yapılır.... Hiçbir ideal yoktur ki hile elinde paçavra olmasın: Hiçbir gaye yoktur ki zulmün elinde bayağılığa düşmesin...." Bununla birlikte ona göre ahlaksız ve adaletsiz siyaset doğru olmayacağı gibi, siyasetsiz ahlak da yeterli olmaz ve yalnız çocuklar ve dünyadan elini eteğini çeken ihtiyarlar içindir. O, şu haklı sonuca varır: "Biz doğru olmayı ne yapalım, doğruluğu yetiştirmedikten sonra! Biz iyi olmayı ne yapalım, iyiliği kuvvetle fiile koymadıktan sonra! Biz nasihat eden, vaaz eden, kuru sözlerle hiçbir neticeye varmayan ahlakı değil; fakat telkin eden, güçlü olan ve insanlara içinde mutlu olacakları yeni bir cemiyet veren ahlakı istiyoruz." (2012: 58-59).

Mal ve mevki gibi değerlerin dağıtımında uygulanan dağıtıcı adalet ve toplum içinde rastlanılan haksızlıkların giderilmesine yönelik düzeltici adalet ve nihayet fakirlerin konumunun iyileştirilmesiyle ilgili sosyal adaletin yanında, aile ilişkileri ve mesleki hayat başta olmak üzere hayatın her alanındaki tüm işler ve ilişkilerde doğruluk, dürüstlük ve hakkaniyet kurallarına uyup hiçbir şekilde kul hakkına girmemek de adaletin en geniş anlamlı türüdür. Bu haliyle adalet, hayatın her anında gözetilmesi gereken ölçülülük ve dengelilik duyarlılığı, eşitlik anlayışı, hak ve hakkaniyet hassasiyetidir. Adil vasfı ile nitelenmeyi hak eden insan; bu şekilde hayatının her anında hak-hukuk duyarlılığı ile yaşayan ve dünyanın neresinde olursa olsun hiç kimseye haksızlık ve zulüm etmeyen insandır.

Zira İslam'a göre adaletin, dindaşlık sınırını da aşan evrensel bir değer olarak kabul edildiği ve şu ayette belirtildiği üzere - istisnai durumlar hariç - gayr-i Müslimler de dahil tüm insanları kapsadığı bir gerçektir: ***"Allah, sizi, din konusunda sizinle savaşmamış, sizi yurtlarınızdan da çıkarmamış kimselere iyilik etmekten, onlara adil davranmaktan men etmez. Şüphesiz Allah adil davrananları sever."*** (Mümtehine/60: 8). Bir başka ayette de bu hususta şöyle buyrulur ve yine adalet vurgusu yapılır: ***"Onlar, hep yalana kulak veren ve durmadan haram yiyen kimselerdir. Sana gelirlerse aralarında hüküm ver veya onlardan yüz çevir. Onlardan yüz çevirirsen sana hiçbir zarar veremezler. Eğer hüküm verirsen aralarında adaletle hükmet. Şüphesiz Allah adil olanları sever."*** (Maide/5: 42).

Netice olarak adalet, Allah'ın o insanı sevmesini sağlayan büyük erdemlerdendir. Şu ayette belirtildiği gibi, ***"… Allah adil davrananları sever"*** (Maide/5: 42). Adalet, ahiret saadetinin de kaynaklarındandır. Peygamberimiz buyurmuştur ki, *"Yönettikleri insanlara, ailelerine ve sorumlu oldukları kişilere karşı adaletli davrananlar, Allah katında, Rahman'ın yanında nurdan minberler üzerinde ağırlanacaklardır."* (Nesai, Adabü'l-kudat, 1). Bilindiği üzere, adaletin zıddı zulümdür. Allah, zalimleri ise sevmediğini bildirmektedir: ***"... Allah, zalimleri sevmez."*** (Al-i İmran/3: 57). Peygamberimiz de, bir Müslümanın zalim olması bir yana, zalime karşı çıkmamasını bile şiddetle eleştirmiştir. Ona göre, *"İnsanlar bir zalimi görürler de onun zulmüne engel olmazlarsa, Allah'ın onları genel bir azaba uğratması kaçınılmazdır."* (Tirmizi, Tefsiru'l-Kur'an, 5). Bu durumda, Allah'ın sevmediği kimselerden olmak istemeyenler zulümden uzak durmak ve sevdiği kimselerden olmak isteyenler de hep adaletli davranmak zorundadırlar.

Bağı çöz, hür ol ey oğul,
Niceye bir gümüşe, altına bağlanacaksın?
Denizi bir testiye döksen ne kadar alır?
Bir günlük su ancak!

MEVLANA, (*MESNEVİ*, 1: 44)

5. CÖMERTLİK VE İYİLİKSEVERLİK

5.1. CÖMERTLİK

Kur'an-ı Kerim'de ahlaki emirler ve yasaklarla ilgili çok sistematik bir yapı arz eden ayetlerden biri olan Nahl suresi 90. ayette, adalet emrinden sonra ihsan, yani iyilik yapmak ya da Türkçede tek kelimeyle söylendiği şekliyle iyilikseverlik emredilir. Dolayısıyla biz de başka erdemlere geçmeden, adaletten sonra iyilikseverlik ve yakın türevlerini ele alalım. Bu arada hemen akla gelen yardımseverlik erdemini de, iyilikseverliğin içinde bir bölüm saymak mümkündür. Zira iyilikseverlik, yardımseverlikten daha geniş bir kavramdır. Yardıma muhtaç olan ya da olmayan herkese iyilik etmekten hoşlanan bir insan, yardıma muhtaç olana elbette öncelikle yardım etme iyiliğinde bulunacaktır. Cömertlik de iyilikseverlikle yakından ilişkilidir. Cömertlik ve iyilikseverlik ikilisi birlikte düşünüldüğünde, nispeten daha içte ve daha bireysel gözüken cömertlik öncelikle ele alınabilir.

Cömertlik, insanın kendi helal kazancından yaptığı harcamalarında, israf noktasındaki aşırılığa varmaksızın başkalarını da yararlandırması, onlara gönül hoşluğu ve el açıklığı ile muamele edip ikramda, ihsanda ve infakta bulunabilmesidir. Cömert insanın el açıklığında, yoksullar ve yardıma muhtaçlar önemli bir pay sahibi oldukları gibi, yoksul olmayanlar ve hatta zenginler de nasibini alırlar. Zira cömertlik, yoksula yardımseverlikten daha geniş anlamlı bir erdemdir. O, başka birçok erdem gibi, önce ruh dünyasında meleke haline gelmiş bir huydur. Böyle bir huya sahip olan cömert kişi, sahip olduğu para ve benzeri nimetleri sevdiği insanlar ve muhtaçlar başta olmak üzere, başka insanlarla paylaşmaktan ahlaki ve vicdani haz duyma alışkanlığına sahiptir. Cömertliği seve seve yapanlar, bunun karşılığında insanlardan teşekkür bile beklemezler. Zira bir ayette belirtildiği üzere ***"Onlar, kendileri sevip istedikleri halde yoksula, yetime ve esire de yemek verirler. (Ve şöyle derler:) 'Biz sizi Allah rızası için doyuruyoruz; sizden ne bir karşılık ne de bir teşekkür bekliyoruz.' "*** (İnsan/76: 8-9).

İçteki bu iyi huy, kişinin eli açık olmasına, maddi manevi nimetlerini, israf derecesinde savurganlığa varmadan ama cimrilik derecesinden de çok uzak bir şekilde öteki insanlarla paylaşmasına yol açar. Cömert insan bu paylaşmayı, zorla ve isteksizce değil suhûletle, kolaylıkla ve zevkle yapar. Şeytanın, cömert davranırsa fakir düşeceği konusundaki iğvâ ve vesveseleri cömert kişinin sahip olduğu bazı imkânları muhtaçlarla veya sevdikleriyle paylaşmasına engel olmaz. O, nimetin Allah'tan geldiğine inanır ve onu Allah rızası için paylaşmaktan onur duyar. Fakirlik endişesi aklına gelirse şu gibi ayetleri hatırlar: ***"Şeytan sizi fakirlikle korkutur… Allah ise size kendi katından mağfiret ve bol nimet vaat eder …"*** (Bakara/2: 268).

Cömertlik, müsriflik ve cimrilik arasında bulunan orta yol da bir erdemdir. Müminin cömert olması gerekir. Çünkü Allah israf edenleri ve cimrileri sevmez; cömertliği ise teşvik eder. Bir ayette müminlere şöyle buyrulur: "… ***israf etmeyin. Çünkü O israf edenleri sevmez.***" (En'am/6: 141). Allah'ın sevgisini ve ahiret nimetlerini kazanmak ise cömertlikten, yardımseverlikten ve iyilikseverlikten geçer: ***"(Mallarınızı) Allah yolunda harcayın. Kendi kendinizi tehlikeye atmayın. İyilik edin. Şüphesiz Allah iyilik edenleri sever."*** (Bakara/2: 195). Müsrifler veya cimriler ise genel olarak her toplumda kınanan, eleştirilen ve sevilmeyen kişilerdir. Bu durumlara düşmemek için insan fakir bile olsa kendi imkânları dahilinde eli açık olmalı, cömertlik erdemine sahip olmaya çalışmalıdır. Bu konudaki en güzel öğüt ve ölçü Kur'an'da gösterilmektedir: ***"Eli sıkı olma, büsbütün eli açık da olma. Sonra kınanır ve çaresiz kalırsın."*** (İsra/17: 29).

Cömertlik ve yardımseverlik erdemine sahip olmak için zengin olmak şart değildir. Her insan kendi ölçeğinde ikramda ve infakta bulunabiliyor ve bunu gösteriş veya baskı gibi nedenlerden dolayı değil gönülden ve yürekten yapabiliyorsa, harcadığı veya paylaştığı miktar olarak çok az bile olsa gerçek anlamda cömert bir insandır. Nitekim şu ayet, darlık anında harcamaktan da bahsetmektedir: ***"Onlar bollukta ve darlıkta Allah yolunda harcayanlar, öfkelerini yenenler, insanları affedenlerdir. Allah, iyilik edenleri sever."*** (Al-i İmran/3: 134).

Cömertlik için kişinin kendisinin zengin olması gerekmediği gibi eli açıklık gösterdiği kişinin de fakir olması gerekmez. Bu kişiler bazen fakir ve yardıma muhtaç kişiler olabilirken bazen hali vakti yerinde kişiler de olabilir. Her ikisine yapılan harcama da cömertlik kapsamındadır. Nitekim Peygamberimiz komşu ve misafire iyilik ve ikramdan bahsederken zenginlik veya fakirliğinden bahsetmemiştir: *"Allah'a ve ahiret gününe iman eden, komşusuna iyilik etsin; misafirine ikram etsin..."* (Buhâri, Edeb, 102) buyurmuştur. Şu ayet-i kerimede de, yoksul ve yolda kalmış yanında, zengin veya fakir ayırt etmeksizin akrabadan da bahsedilmektedir: ***"Akrabaya, yoksula ve yolda kalmış yolcuya hakkını ver, fakat saçıp savurma."*** (İsra/17: 26).

Cömertliğin en ileri derecesi, sahip olunanların ihtiyaç fazlasını iyilik yolunda dağıtmaktır; bunun en faziletli olanı da ihtiyaç sahibi komşuya, yoksul akrabaya, iflas etmiş olana ve büsbütün muhtaç durumda bulunana vermektir. Kendisi de ihtiyaç duyduğu şeyin bir kısmını kendisinden daha fazla muhtaç olana vermek ise îsâr veya diğerkâmlık denilen erdem olup bu erdem cömertlikten daha da üstündür (İbn Hazm, 2012: 85). İsâr, "Bir kimsenin kendisi ihtiyaç içinde bulunsa bile sahip olduğu imkânları başkalarının ihtiyacını karşılamak üzere kullanması, başkasının yararı için fedakârlıkta bulunması demektir. Hasbîlik kavramı da buna yakındır. Bir karşılık gözetmeden başkasına yardım etme; bir görev ve hizmeti, kişisel çıkarlarını hesaba katmadan içtenlikle yapma demektir." Diğerkâmlık ve onun daha öz Türkçe karşılığı olan özgecilik de benzer anlamlara gelen erdemlerdir (Hökelekli, 2013: 243-44).

Kendisinden daha fazla muhtaç olan başkasını kendine tercih etmek, ileri düzey bir cömertlik ve erdem ise de, cömertlikte asıl ve nihai ölçü, cömertlik yapayım derken ölçünün kaçırılmaması, fakire yardım edeyim derken kişinin kendisini fakir düşürmemesi, itidalin ve dengenin her zaman muhafaza edilmesidir. Bu konularda ölçünün en güzel şekilde özetlendiği ayetlerden biri şudur: ***"Onlar, harcadıklarında ne israf ne de cimrilik edenlerdir. Onların harcamaları, bu ikisi arası dengeli bir harcamadır."*** (Furkan/25: 67).

5.2. İYİLİKSEVERLİK

İyilikseverlik veya hayırseverlik, maddi ve manevi imkânlarıyla Allah'ın rızasını kazanacak ve insanların faydasına olacak işler yapmaktır. İyilikseverlik kavramındaki sevgi eki, bu erdemin sadece pasif bir duygudan ibaret olduğu anlamına gelmez. İyiliksever insan, kendisi iyi kalpli bir insan olup iyilik yapmayı seven ve başkalarının iyi durumda olmasını isteyen, bunun için elinden gelen yardım ve fedakârlığı yapmaktan geri durmayan aktif bir insandır. İyilikseverliğin içindeki bu farklı unsurlardan (örneğin iyi kalpli olmak, başkalarına iyilik etmek, onların iyiliğini istemek, iyiliği teşvik etmek vb.) en merkezî olanı ve hayırseverlik dendiğinde ilk akla geleni iyilik olarak yapmaktır. İyilikseverlik, bireysel ilişkilerimizde çevremizde bulunan insanlar veya hayvanlara iyi davrandığımız ve iyilik ettiğimiz gibi, daha büyük mali fedakârlıklar gerektirecek şekilde camiler, okullar, hastaneler yapmak veya çeşitli yardımlaşma vakıfları kurmak gibi kurumsal boyutta hayırseverlikler anlamına da gelmektedir.

Bazı ayetlerde iyilikseverlik ve yardımseverliğin ikisi bir arada zikredilmektedir. Örneğin, şu ayette iyilik ve akrabaya yardım arka arkaya emredilmektedir: ***"Muhakkak ki Allah adaleti, ihsanı, akrabaya karşı cömert olmayı emreder..."*** (Nahl/16: 90). Başka bir ayette de yardımlaşmanın ana konusu olarak iyilik ve takva gösterilmektedir: "... ***İyilik ve takva hususunda yardımlaşın, günah ve haksızlık yolunda***

yardımlaşmayın...*"** (Maide/5: 2). Bir başka ayette de, iyilik eksenli yardımlaşmada kadınlar ve erkelerin birbirinin yardımcısı olduğu bildirilmektedir: "Müminlerin erkekleri de kadınları da birbirlerinin velileridir; iyiliği teşvik eder, kötülükten alıkoyarlar...*"** (Tevbe/9: 71).

İyilikseverlik, iyilik yapan insanın vicdanını huzura kavuşturup sevindirir ve ruhunu kötülüklerden arındırır. Bir ayet-i kerimede Cenab-ı Hak, "***Onları arındırmak ve temize çıkarmak üzere mallarından sadaka al!...*"** (Tevbe/9: 103) buyurur. Kişi, bir iyilik yaptığında bunun ödülünü önce kendi vicdanından alır ve etkisini ruhunda görür; asıl büyük ödül ise Allah'ın rızası ve Cennetteki karşılığıdır. Çünkü Kur'an'da belirtildiği üzere, "***Kim zerre miktarı hayır yapmışsa onun karşılığını görür. Kim de zerre miktarı şer işlemişse onun karşılığını görür.*"** (Zilzal/99: 7-8).

Bir toplum içinde hem maddi yoksullukları hem de yeterli eğitim imkânından yoksunluk ve cehalet gibi manevi yoksullukları ortadan kaldırmanın ve bir bütün olarak topyekün kalkınmanın yollarından biri, insanların birbirlerine karşı yardımsever ve iyiliksever olmaları, paylaşma ve dayanışma ruhuna sahip bulunmalarıdır. İslam medeniyetinin aynı zamanda bir vakıf medeniyeti olarak nitelendirilmesi, bu ruhun Müslümanlar arasında ne kadar yaygın ve canlı olduğu zamanların göstergesidir. Günümüz İslam dünyasının farklı bölgelerinde yoksulluk, eğitimsizlik, işsizlik, hukuksuzluk, göçmenlik, yeterli sağlık imkânlarından yoksunluk gibi ağır sıkıntılar altında ezilen Müslüman kardeşlerimizin varlığı, birbirimizle yardımlaşmaya, paylaşmaya, dayanışmaya ve büyük çaplı hayırseverlik kurumları oluşturmaya ne kadar muhtaç olduğumuzu göstermektedir.

İyilikseverlik ve yardımlaşmada belli bir sıra gözetilmesi gerektiği ayet ve hadislerden anlaşılmaktadır (bkz. Bakara/2: 215). Bu durumda, Müslümanların öncelikle kendi din kardeşleri ile yardımlaşmaları ve onlara iyilik yapmaları gerekmektedir. Bununla birlikte, Kur'an ahlakının engin çerçevesi, iyilikseverliğimizi sadece Müslümanlarla sınırlamamızı da gerektirmemektedir. Küreselleşen ve küçülen dünyamızda Müslüman olsun veya olmasın, yardıma ve iyiliğe muhtaç her insan, imkânı olan Müslümanın iyilikseverlik anlayışının muhatabıdır. Zira Kur'an, adalet ve iyilikseverlik gibi temel ahlaki değerler konusunda tüm insanları kuşatıcı bir yüce gönüllülüğü salık vermektedir: ***"Allah, din konusunda sizinle savaşmayan ve sizi yurtlarınızdan çıkarmayanlarla iyi ilişkiler içinde olmanızı ve onlara adaletli davranmanızı yasaklamaz. Allah adaletli olanları elbette sever."*** (Mümtehine/60: 8).

Müslümanın iyilikseverliğinin geniş kapsamlılığı, sorumluluğunun sadece Müslümanlarla değil tüm insanlarla ilgili olmasıyla bağlantılıdır. Bu ilgi bir ayette şöyle vurgulanır: ***"Siz insanlar için ortaya çıkarılmış en hayırlı ümmetsiniz. İyiliği emredersiniz, kötülükten alıkoyarsınız ..."*** (Al-i İmran/3: 110). Bu durumda Müslümana düşen, sadece iyilik yapmakla kalmayıp, iyilik yapan öteki tüm insanlarla yarışmak ve onları geçmektir. Ayetlerin Müslümana yüklediği asıl görev budur: ***"Herkesin yüzünü ona doğru çevirdiği bir yönü vardır. Öyleyse hayırlarda yarışın..."*** (Bakara/2: 148).

Müslümanların iyilikseverliği sadece iyilik yapmakla ve iyilikte yarışmakla da kalmaz; onlar aynı zamanda başkalarını iyiliğe teşvik etmekle de yükümlüdür. Bilindiği üzere, *emr-i bi'l-maruf ve nehy-i ani'l-münker* (iyiliği tavsiye etmek ve kötülükten nehyetmek) İslam'ın en temel hayat prensiplerinden biridir. Ayetlerde bu görev, bireylerin sorumluluğu olduğu gibi, topluluklarla da ilişkilendirilmektedir: ***"İçinizden hayra çağıran, iyiliği emredip kötülüğü men eden bir topluluk bulunsun. İşte onlar kurtuluşa erenlerdir."*** (Al-i İmran/3: 104). Gerek birey olarak gerekse kurumsal olarak bu emri yerine getirmek de iyilikseverliğin en önemli boyutlarındandır. Yardımlaşma, paylaşma, dayanışma, kısaca iyi biri olma ve iyilik yapma erdemlerini Yunus Emre şu beyitlerinde (2006: 63) ne güzel özetlemekte, övmekte ve öğütlemektedir:

Bir hastaya vardın ise, bir içim su verdin ise,
Yarın anda sana gele, Hak şarabın içmiş gibi.
Bir miskini gördün ise, bir eskice verdin ise,
Yarın anda karşı gele, hulle donun biçmiş gibi.

İşitin ey yârenler, aşk bir güneşe benzer,
Aşkı olmayan kişi, misâli taşa benzer.
Taş gönülde ne biter, dilinde ağu tüter,
Nice yumşak söylese, sözü savaşa benzer.

YUNUS EMRE, (2006: 116).

6. SAYGI VE SEVGİ

6.1. SAYGI

Saygı, her varlığa hak ettiği değeri vermek; layık olduğu ilgiyi, özeni, itibarı, ihtiramı, hürmeti göstermektir. Saygı, sevgiye yakın bir erdemdir; ama her zaman ve her durumda onun kadar içten ve duygu yüklü olmak zorunda değildir. Saygının en iyisi elbette sevgi ve samimiyet ile birlikte olanıdır. Ama bu boyutları az bile olsa insanlara hak ettikleri değerin verildiğini tutum ve davranışlarıyla göstermek, saygının gereklerini asgari düzeyde de olsa yerine getirmiş olmak demektir. Bazı düşünürlerimize, örneğin Nurettin Topçu'ya göre, saygı veya hürmet, erdemler arasında bir erdem değil, aksine "bütün ahlak duygularının kaynağıdır". Varlığımızda ahlak duygularının uyanışı onunla başlar. İnsan ancak saygı duygusundan başlayarak ahlaklılığın gittikçe derinleşen şuurunu kazanabilir. Sözgelimi, başkasına saygı duyan onu aldatamaz ve ona karşı dürüst olur, ona verdiği sözü tutar, onun fikirlerini ve davranışlarını hoşgörü ile karşılar, onu rahatsız edici davranışlardan kaçınır, ona karşı nazik ve kibar davranır (2012: 40-45).

İnsanların saygıyı hak etmelerinin çeşitli nedenleri vardır. Yaratılmış varlıkların en şereflisi ve üstünü olması nedeniyle insan olarak doğmuş olmak, gereğince saygı gösterilmeyi daha doğuştan hak etmiş olmak anlamına gelir. Başka herhangi bir üstün vasfı olmasa dahi her insan, insan olması hasebiyle saygı duyulmayı hak eder. Bununla birlikte insanlar büyüyüp yetişkinleştikçe birbirine göre daha üstün vasıflara ve meziyetlere sahip olur, daha yüksek makam ve mevkilere gelirler. Özellikle ilim ve irfan, ahlak ve fazilet bakımından bazıları diğerlerine göre çok daha yüksek mertebelere erişebilirler. Bu durumda onlara, genel olarak her insana gösterilen saygıya oranla hak ettikleri nispette biraz daha fazla saygı göstermek gerekir. Layıkıyla hak edilmiş üstünlüklere saygı göstermek, gerçek bir erdemdir ve yaranma çabasıyla veya dalkavuklukla ilişkisi yoktur.

Başkalarına saygı duyabilmek için insan ilk önce kendisine saygı duymalıdır. Bir insanın kendi kendisine saygı duyması, kendisini değerli görmesi, izzet-i nefs veya öz-saygı da denilen ve şeref, onur, haysiyet kelimeleri ile de ifade edilen bir erdemdir. İzzet-i nefs veya öz-saygı, ferdin kendi ruh yapısından doğar. O, bizi başkalarına üstün yapan değerlere sahip olduğumuza kendimizin inanmasıdır (Topçu, 2012: 47). Başkalarına hak ettikleri saygıyı göstermek dalkavukluk olmadığı gibi, kendine karşı öz-saygı beslemek de kibir değildir ve onunla karıştırılmamalıdır.

Aslında izzet-i nefs, eski yeni bütün ahlak kitaplarımızda yer alan başlı başına bir erdemdir. Çünkü kendine saygı, başkasına saygının da temelini oluşturmaktadır. Kendisine saygı gösteren kişi, başkalarının da kendisine aynı şekilde saygı duymasını bekleyecektir; sonra da, eğer mâkul bir insan ise, başkalarından beklediği saygıyı o da onlara gösterecektir. Zira empati duygusu ya da ahlak literatüründe 'altın kural' denilen evrensel ahlak ilkesi, başkalarının bize nasıl davranmasını ve saygı göstermesini istiyorsak bizim de onlara öyle davranmamız gerektiği anlamına gelmektedir. Kendisine saygı duyulmasını isteyen kişi, kendisi de başkalarına saygı duymak zorundadır.

Saygının ve ihtiramın en büyüğü, doğal olarak varlıkların en yücesine ve üzerimizde hakkı ve lütfu en fazla olan Cenab-ı Hakka'dır. Kur'an'da sık geçen terimlerden biri olan takvanın anlamlarından biri de Allah'a karşı saygıdır. Allah'a karşı saygılı olmak, O'na karşı sorumluluklarını yerine getirmek ve bu saygı ve sorumlulukların gereğini yerine getirmemekten sakınmak takvanın taşıdığı anlamlardan bazılarıdır. Bu anlamların başında saygı, ortasında sorumluluk, sonunda – saygı ve sorumluluğun gerekleri yerine getirilmediği ve hatta tersi yapılıp O'na karşı gelindiği durumlarda – korku olduğunu söylemek mümkündür. Allah'a karşı gereken saygı duyulduğunda sorumluluklar da kendiliğinden yerine getirilecektir. Dolayısıyla işin başı saygıdır ve saygının doğurduğu sakınmadır; insanı Allah karşısında değerli yapan da odur: ***"Ey insanlar! … Allah katında en değerli olanınız, en fazla takva sahibi olanınız (O'na karşı gelmekten en çok sakınanınız)dır …"*** (Hucurat/ 49: 13).

Saygı duymamız gereken varlıkların başında Yaratanımızdan sonra anne-babalarımız gelir. Allah'ın emri bu yöndedir: ***"Rabbin, sadece kendisine kulluk etmenizi ve anaya-babaya iyi davranmanızı kesin olarak emretti. Eğer onlardan biri ya da her ikisi senin yanında ihtiyarlık çağına ulaşırsa sakın onlara 'öf' bile deme; onları azarlama; onlara tatlı ve güzel söz söyle. Onlara merhamet ederek tevazu kanadını indir ve de ki: 'Rabbim! Tıpkı beni küçükken koruyup yetiştirdikleri gibi sen de onlara acı."*** (İsra/17: 23, 24). Allah'tan ve anne-babadan sonra öteki bütün müminlere karşı saygılı olmak, onların sahip oldukları tüm haklara riayet etmek, onlara kaba veya küçümseyici, alaya alıcı, onur kırıcı, saygısızca davranışlardan kaçınmak gerekir. Bu konudaki pek çok ayetten birinde şöyle buyrulur: ***"Ey iman edenler! Bir topluluk bir diğerini alaya almasın. Belki onlar kendilerinden daha iyidirler. Kadınlar da diğer kadınları alaya almasın. Belki onlar kendilerinden daha iyidirler. Birbirinizi karalamayın, birbirinizi (kötü) lakaplarla çağırmayın …"*** (Hucurat/49: 11).

Müslümana yakışan, din kardeşine saygılı olduğu gibi, Allah'ın yarattığı bütün varlıklara karşı saygılı olmaktır. Bu açıdan bakıldığında, öteki bütün insanlara da saygılı olmak gerekir. Aynı dinden olmamak, saygısızlık sebebi değildir. Her insana adaletli davranmanın bir gereği de, Allah'ın yarattığı kulu ve insan olarak hak ettiği saygıyı göstermektir. Onlara adil davranmak ve hatta iyilikte bulunmak ayetlerde geçmektedir. Örneğin, şu ayet bunlardan biridir: ***"Allah, sizi, din konusunda sizinle savaşmamış, sizi yurtlarınızdan da çıkarmamış kimselere iyilik etmekten, onlara adil davranmaktan men etmez."*** (Mümtehine/60: 8). Gayr-i Müslimlerin kutsal değerlerine de saygısızlık etmemek gerekir. Bu da ayetlerde belirtilen hususlardandır: ***"Onların, Allah'ı bırakıp tapındıklarına sövmeyin, sonra onlar da haddi aşarak, bilgisizce Allah'a söverler."*** (En'am/6: 108).

Saygının sınırı öteki insanlarla da bitmez. Hayvanlar ve bitkiler de ve hatta bütün tabii çevre de insanlardan saygı görmeyi hak eder. Çünkü onların da hem kendi içlerinde başlı başına değerleri vardır hem de insanlara sağladıkları faydadan dolayı değerleri vardır. Saygı da bir bakıma, her varlığa, sahip olduğu değere göre hak ettiği değeri vermek ve bunu tavır ve davranışlarımızla göstermek olduğuna göre, hayvanlar, bitkiler ve doğal çevreye de hak ettiği değeri vermek ve buna uygun saygıyı göstermek gerekir. Yüksek ahlaki düzeye sahip insanın saygı göstermeyeceği varlık âdeta yok gibidir. Allah tarafından yaratılmaya layık görülene, kulun saygı göstermemesi düşünülebilir mi?

6.2. SEVGİ

Sevgi ve saygı birlikte akla gelen ve anılan ikiz erdemlerdendir. Sevgi, daha içten ve doğuştan, saygı daha sonradandır. Sevgi, varlıkları birbirine yaklaştıran, birbirine bağlayan, birbirine güvendiren, birbirine saygı duyduran, birbirlerini özlettiren, birbirleri için her türlü fedakârlığı yapacak hale getiren en güçlü, en yüce, en asil duygulardan ve erdemlerden biridir. İki kişi arasında sevgi varsa, saygı başta olmak üzere bütün erdemler o iki kişi arasında kolaylıkla varlık bulurlar. İslam ahlak felsefesi eserlerinde sevgi o kadar önemsenir ki, çok çok önemli olduğunda şüphe olmayan adalet erdemi ile karşılaştırılır ve aralarında sevgi olanların ister istemez adil davranacakları kabul edilir. Örneğin İbn Miskeveyh'e göre, "Eğer toplum halinde yaşayan insanlar birbirlerini seven kişilerse, birbirlerine karşı adaletli davranırlar ve aralarında hiçbir anlaşmazlık ortaya çıkmaz. Diğer bir deyişle dost dostunu sever ve kendisi için istediğini onun için de ister. Güven, dayanışma ve yardımlaşma ancak birbirini seven kişiler arasında gerçekleşir." (2013: 150-51).

Sevgi, bütün erdemlerin zirvesi, hepsinin baştâcıdır. Sevgi, insanları birleştirir, bütünleştirir ve kaynaştırır. Sevgi varsa, bütün kötülükler ve erdemsizlikler ortadan kalkar. Sevgi varsa, ilgi olur, iyilik olur, adalet ve hakkaniyet olduğu gibi daha fazlası da olur. Örneğin, cömertlik ve fedakârlık olur, sorumluluk ve saygı olur, samimiyet ve sadakat olur, sabır ve tahammül olur, hoşgörü ve nezaket olur. Kısacası, erdemlerin çoğunun önünü sevgi açar, sevgi sayesinde onlar boy atar, gelişirler.

Bazı dinlerin mensupları sevgiyi âdeta kendi tekellerine almak ister gibi bir tutum içinde olsalar da bu doğru değildir; sevgi, her dinde vardır ve çok önemlidir. Bunların başında da elbette İslam dini gelir. Kur'an açısından bakıldığında, iman bile, Allah'ın imanı müminlere sevdirmesi ile bağlantılı görülmektedir. Nitekim bir ayette Cenab-ı Hakk şöyle buyurmaktadır: ***"... Allah size imanı sevdirdi ve onu gönlünüze sindirdi..."*** (Hucurat/49: 7). Sevgi ile iman ettikten sonra müminlerin gönlünde oluşan en büyük sevgi de, Allah sevgisidir. Bir ayette belirtildiği üzere, ***"... İman edenler en çok Allah'ı severler..."*** (Bakara/2: 165). Allah sevgisi, İmam Gazali'nin dediği üzere, "Makamların en son gayesi ve derecelerin en yüksek noktasıdır. Muhabbet makamından sonra idrak olunan makamların hepsi onun meyvelerinden bir meyve, onun uydularından bir uydudur." (2008: 4/591). Müminler, Allah'tan sonra da elbette Rasulullah'ı severler (Tevbe/9: 24). Ve bu sevgi zinciri, böylece Yunus Emre'nin "Yaratılanı sevdim Yaratandan ötürü." diye özetlediği şekilde tüm mahlukatı kapsar.

Şefkat dendiğinde beşerî düzlemde anne şefkati akla gelmesi gibi, sevgi dendiğinde de aslında yine anne sevgisi en örnek ve en açıklayıcı sevgi türlerinin başında gelir. Annedeki çocuğuna karşı olan sevgi, çocuğuna karşı, başka erdemlerin insanı sevk edeceği neredeyse bütün davranışları ona gösterir. Onun üzerine titrer, onun için her türlü fedakârlığı yapar, onun sıkıntılarına katlanır ve bunları bir karşılık düşünmeksizin yapar. Bütün hakiki sevgiler, anne ve çocuğu arasında görülen bu özelliklerin aşağı yukarı hepsini taşır.

Toplum içinde sevginin en yoğun görüldüğü yer ailedir. Aile bireylerini bir arada tutan ve onlara karşılıklı olarak her türlü fedakârlığı birbiri için yaptıran kopmaz bağ, sevgi bağıdır. Ailenin çekirdeğini oluşturan eşlerin birbirini sevmesi, Allah'ın varlığının, iyiliğinin, lütufkârlığının ve kullarına olan sevgisinin delillerindendir. Nitekim bir ayet-i kerimede böyle buyrulmaktadır: ***"Kendileri ile huzur bulasınız diye sizin için türünüzden eşler yaratması ve aranızda bir sevgi ve merhamet var etmesi de O'nun (varlığının ve kudretinin) delillerindendir."*** (Rum/30: 21). Bu ayette eşlerin birbirine olan sevgi ve merhameti anlatılmakta, aile birlikteliğinin temeli sevgide görülmektedir. Çünkü ayette sevgi kelimesi, merhamet kelimesinden önce zikredilmektedir. Eşlerin birbirini sevmesi, onlardan doğacak çocukların sevgi ve güven içinde büyümesi, ahlaklı ve sağlıklı bir karakter geliştirmeleri açısından da çok önemlidir.

Allah sevgisi, anne-baba sevgisi ve eşler arası sevgiden sonra müminlerin birbirlerine olan sevgileri ise imanlarının bir gereği ve göstergesidir. Çünkü Peygamberimiz onlar arasındaki sevgiyi asla vazgeçemeyecekleri iman bağına ve cennet ümidine bağlamakta ve şöyle buyurmaktadır: *"Sizler iman etmedikçe cennete giremezsiniz. Birbirinizi sevmedikçe de iman etmiş olamazsınız. Size yaptığınızda aranızda sevgi oluşturacak bir şey söyleyeyim mi? Aranızda selamı yaygınlaştırın."* (Müslim, İman, 93).

Birbirini sevme veya sevilmenin yollarının ayrıntılarından biri bu hadiste belirtildiği gibi selamlaşmadır; özünü ve aslını oluşturan iki üç husus da şu ayette bildirilmektedir: ***"İman edip dünya ve ahiret için yararlı işler yapanlara gelince, rahman onlar için bir sevgi yaratacaktır."*** (Meryem/19: 96). Bu ayete göre, insanlar arasında sevmenin ve sevilmenin asli kaynağı, imanlı olmak ve iyi işler yapmaktır. İyi ahlaklı olan ve hayırlı işler yapan müminler, Allah'ın yardımıyla seven ve sevilen insanlar olacaklardır. Hem insanlar tarafından hem de Allah tarafından karşılıklı olarak sevilen insanlar ne mutlu insanlardır. Sevginin zirvesi olan bu karşılıklı durum şu ayette ifade edilmektedir: "... ***Allah onları sever, onlar da Allah'ı severler...*"** (Maide/5: 54).

Sevgi konusunda son olarak belki şunu da belirtmekte yarar vardır. İnsanlar arası ilişkilerde her erdem için geçerli olan "aşırı gitmeme, ölçüyü aşmama" ilkesi, sevgi gibi büyük bir erdem konusunda bile geçerlidir. Bu konu bir hadis-i şerifte çok açıkça gözükmektedir. Peygamberimiz bu konuda şöyle tavsiyede bulunmuştur: "*Sevdiğin kimseyi ölçülü sev ki bir gün sevmeyeceğin bir kişi olabilir. Sevmediğin bir kimseyi de ölçülü bir şekilde sevme ki günün birinde çok sevdiğin bir kimse olabilir.*" (Tirmizi, Birr, 60).

Kim kazanmazsa bu dünyada ekmek parası:
Dostunun yüz karası; düşmanının maskarası!

MEHMET AKİF ERSOY, (1981: 71)

7. ÇALIŞKANLIK VE HELALİYET

7.1. ÇALIŞKANLIK

Çalışkanlık, Allah'ın Kur'an'daki emirlerinden ve Hz. Peygamber'in de her konuda olduğu gibi bu konuda da Müslümanlara en güzel örnek teşkil ettiği Kur'an ahlakı ve Peygamber ahlakının değerleri ve erdemlerinden birisidir. Allah'ın çalışma, çabalama, emek ve gayret sarf etme, bir şeyler üretip verimlilik sağlama yönündeki uyarıları, daha önceki peygamberler ve ailelerine de verdiği emirlerdendir. Örneğin, Davud ve Süleyman peygamberlerle ilgili bir ayette şöyle buyrulur: ***"Onlar Süleyman'a, isteğine göre yüksek ve görkemli binalar, heykeller, havuz gibi lengerler, yerinden kalkmaz kazanlar imâl ederlerdi. Ey Davud ailesi! Şükür için çaba gösterin. Kullarım arasında hakkıyla şükredenler pek azdır."*** (Sebe/34: 13).

Kur'an'daki düzenli ve yoğun çalışıp çabalama ve asla gevşekliğe düşmeme emrinin muhataplarının başında Peygamberimiz ve dolaylı olarak onun ümmeti gelmektedir. Peygamberimize yönelik bu tür emirlerden birinde, ***"Ey örtüsüne bürünen! Kalk uyar!"*** (Müddessir/74: 1-2) buyrulur. Üstelik bu yöndeki emirler sadece gündüzleri değil, gecelerin bir kısmını da kapsamaktadır. ***"Ey örtüsüne bürünen! Geceleyin -birazı dışında- namaza kalk! Gecenin yarısında bu vakti biraz öne veya biraz ileri de alabilirsin. Kur'an'ı tane tane, hakkını***

vererek oku. Doğrusu biz sana, taşınması zor bir söz vahyedeceğiz. Şüphesiz gece vakti etki ve uyum yönünden daha uygun ve sözün zihne yerleşmesi bakımından daha elverişlidir. Gündüz vakti ise senin için yoğun bir koşuşturma durumu vardır." (Müzzemmil/73: 1-7). Peygamberimize, gece-gündüz sürecek bu çalışıp çabalamada karşılaşılan dirençler ve çıkarılan zorluklar karşısında da sabrederek çalışmaya devam etmesi, asla gevşekliğe düşmemesi emredilmektedir: ***"Sen şimdi sabret! Şüphesiz Allah'ın vaadi gerçektir. Kesin inanca sahip olmayanlar sakın seni gevşekliğe sevk etmesin."*** (Rum/30: 60).

Kur'an'ın çalışma ve gayret ile ilgili emirleri elbette sadece peygamberlere has değildir; bütün müminlere ve hatta tüm insanlığadır. Müslümanlar için çalışma, ara vermeden sürdürülecek bir yaşam biçimidir. Zaten bir insana çalışkan denebilmesi, onda çalışkanlık değeri ve erdeminin bulunduğunun söylenebilmesi de bu süreklilliğe bağlıdır. Bu hal, pekçok Müslümanın ezbere bildiği İnşirah suresinde Peygamberimizin şahsında bütün müminlere tavsiye edilmektedir: ***"Evet, doğrusu her güçlüğün yanında bir kolaylık vardır. O halde, önemli bir işi bitirince hemen diğerine koyul."*** (İnşirah/94: 6-7).İnsan, rızkını kazanmak için çalışmalı, hatta çok çalışmalıdır. Bu hem insan olmanın gereği olan bir ödev, hem de sonuçları itibarıyla insanın içine huzur veren bir erdemdir. Zira *"İnsanın yediği şeylerin en güzeli, elinin emeğidir."* (Ebu Davud, Büyu', 77).

Çalışkanlık, elbette boşa doluya kendini yormak değil; işin usulüne, tekniğine, sistemine, yoluna ve yordamına göre çalışmak ve bu şekildeki akıllıca çalışmadan kazanılabilecek en fazla verimi elde etmektir. Çalışkanlık genel olarak iyidir ve erdemdir; ancak daha güzel olan çalışkanlık, üretkenlikle, verimlilikle, en iyi ve en kârlı sonuçlarla neticelenen çalışkanlıktır. Zira çalışkanlıkta önemli olan, biraz da elde edilen meyve ve insanlar için sağlanan kalıcı faydadır. Nitekim Peygamberimiz, Müslümanı, hem meyve veren hem de yapraklarıyla fayda sağlayan hurma ağacına benzetmiştir. İbn Ömer (r.a.) şöyle anlatıyor: "Bir gün Allah Resulü (s.a.s.) (benim de aralarında bulunduğum bir topluluğa), *'Bana bir ağaç söyleyin ki o ağaç Müslümana benzer, Rabbinin izniyle her zaman meyve verir ve yaprakları da dökülmez.'* buyurdu. İçimden, 'Bu, hurma ağacıdır.' demek geldi. Fakat orada Ebu Bekir ve Ömer varken konuşmayı uygun bulmadım. Ancak onlar da konuşmayınca Allah Resulü, *'Bu, hurma ağacıdır.'* buyurdu" (Buhari, Edeb, 89).

Çalışkanlığın gereklerinden biri verimlilik ise bir başkası da sadece kendi başına çalışmakla yetinmeyip gerektiğinde başkalarıyla iş bölümü ve işbirliği yaparak, yardımlaşarak ve dayanışarak çalışmaktır. Dayanışma, aile, arkadaşlar ve meslektaşlar arasında da olur, çok daha geniş kitleler arasında da olur. Birbirini tanıyan tanımayan daha geniş kitleler arasındaki dayanışmaya sosyal dayanışma denir. Fiziki veya coğrafi yakınlık bir sosyal yakınlık şeklini aldığı zaman dayanışma başlar. Bazen insanlar birbirinden uzak olduklarında da birbiri ile dayanışırlar. İnsana yakışan da budur; mesafe ne olursa olsun, hemcinsiyle dayanışabilmesi, bir şeylerin üstesinden beraberce gelebilmesidir. Dayanışma için önemli olan birlik-beraberlik şuurudur. Bunu da en fazla ortak değerler ve benzerliklerin fazlalığı ve sağlamlığı sağlar (Güngör, 2010: 113-114).

Müslümanların her alandaki üstünlükleri ve başarılarıyla göz kamaştırdığı ve İslam medeniyetinin güneş gibi parladığı dönemler, Müslümanların çalışkanlık erdemine yönelik ilahi emirlere ve nebevi örnekliğe gönülden bağlı kaldıkları ve onu bu mücadele ve imtihan dünyasının temel ilkelerinden biri olarak canla başla uyguladıkları zamanlardı. Çalışkanlık ve gayretin azaldığı, tembellik ve ataletin baş gösterdiği dönemler ise sıkıntıya düşmenin kaçınılmaz olarak her tembel insanın başına geldiği gerçeğini bizlerin de üzücü bir biçimde deneyimlemesine neden oldu. Aslında bunda şaşılacak bir şey de yoktur. Çünkü bu durum, sünnetullahtır, ilahi bir yasadır; çalışan kazanır, çalışmayan kaybeder. Nitekim Cenab-ı Hak bu konuyu açıkça belirtmiştir: ***"İnsan ancak çabasının sonucunu elde eder. Ve çabasının karşılığı ileride mutlaka görülecektir."*** (Necm/53: 39-40).

Çalışkanlık erdemi, İslam aleminin günümüzde içinde bulunduğu durumun ve kurtuluşunun, teşhis ve tedavisinin önemli kavramlarından biridir. Çalışkanlık, bilhassa gençlerin kendilerini erkenden alıştırmaları gereken önemli bir haslettir. Zira çalışkanlığın zıddı olan tembellik, kötü arkadaş ve kötü örneklerle birlikte başarının ilk ve en büyük düşmanıdır. Başarılı olmak isteyenler, yöntemli ve verimli çalışkanlığı, güçlü bir irade ile desteklemeli ve vazgeçilmez bir alışkanlık ve huy haline getirmelidir (Başgil, 2014: 59-78).

Çalışma, amaçsızca yapılan boş bir iş değildir. Allah rızası başta olmak üzere, dünyevi ve uhrevi kazanç elde etmek gibi amaçlarla yapılır. Çalışarak sağlanan kazancın ise belli niteliklere sahip olması gerekir. Bunların en önemlisi ve en geniş kapsamlısı, kazancın mutlaka helal olmasıdır. Bu da bizi helaliyet erdemine getirir.

7.2. HELALİYET

İnsanların yalan konuşmaması ve birbirini aldatmaması, huzur içinde bir arada yaşamak için çok önemlidir ve bunun temini için doğruluk ve dürüstlük erdemi vardır. İnsanların birbirine haksızlık yapmaması ve zulüm etmemesi, güvenlik içinde birlikte yaşamak için çok önemlidir ve bunun için de hakkaniyet ve adalet erdemleri vardır. İnsanların üretim, ticaret, hizmet ve genel olarak ekonomik kazançlarında meşru yollardan ayrılmaması, bencillik ve hırs duygularına kapılıp açgözlülükle birbirinin emeğini haksız yere sömürmemesi için de, belli bazı hukuki sınırlamalar olduğu gibi onların temelini oluşturan bazı ahlaki erdemlerin de olması gerekir. Bencillik ve zenginlik hırsı gibi duygularının ötekinin malına mülküne zarar verecek derecede sınır tanımaz hale gelmesini önlemeye yönelik erdem nedir? İşte "helâliyet" kelimesiyle kavramlaştırmaya çalışılan erdem, bu ihtiyaca cevap veren erdemdir.

Helaliyet, geniş anlamıyla kişinin hayatının tamamının helal sınırlar içinde geçmesi, daha dar anlamıyla ise kişinin kazancının tamamının helal yollarla kazanılmış olmasıdır. Başka bir ifadeyle de helaliyet, bir kimsenin kazancına hiçbir şekilde haram bulaşmamış olması, kazancında hiçbir kul hakkının olmaması, hiçbir gayr-i meşruluğun ve gayr-i ahlakiliğin bulunmamasıdır. Helal kavramı, İslami bir terimdir. Bu da helalin ve zıddı olan haramın tespitinde esas olanın

İslami nâsslar olduğu anlamına gelir. Bu konuda uyulması gereken ölçüyü, Hz. Peygamber şu hadisinde belirtmiştir: *"Helal de bellidir, haram da bellidir. Bu ikisinin arasında da çoğu kimsenin bilmediği bazı şüpheli şeyler vardır. Her kim şüpheli şeylerden sakınırsa ırzını da dinini de kurtarmış olur. Her kim de şüpheli şeylere dalarsa, bir koru etrafında hayvanlarını otlatan bir çoban gibi çok geçmeden korunun içine girebilir. Haberiniz olsun ki, her kralın bir korusu olur. Allah'ın yeryüzündeki korusu da haram kıldığı şeylerdir...."* (Buhari, İman, 39). Helal duyarlılığına ve helaliyet erdemine sahip olan kişi, kazancının helalliği konusunda titiz ve hassas olan, kendisinin veya çoluk çocuğunun nafakasına haram karıştırmayan, kendisi ve ailesinin boğazından haram lokma geçmemesi için azami gayret gösteren kişidir. Helaliyet erdemine sahip olabilmek için kişinin kazancının, kazanılma yollarının helal ve meşru yollar olması gerektiği gibi, kazanıldıktan sonraki birikmiş halinde de, hak sahibi olanların zekat, sadaka, vergi gibi hakları da usulüne uygun bir biçimde ödemiş olması gerekir.

Kazancın helalliği konusunda, kul hakkına girmemeye çok dikkat edilmesi gerektiği gibi, belki bundan çok daha titiz bir şekilde, bunun özel bir türü olan kamu hakkına girmemek konusunda hassas olmak lazımdır. Helaliyet, dar ve özel anlamıyla kazancında kul hakkı ve kamu hakkı gibi başkasına ait haklar bulunmaması olduğu gibi, daha geniş anlamıyla hiçbir varlık üzerinde, ekonomik olsun veya olmasın, onunla helalleşmediği sürece öte dünyada hesaptan kurtulamayacağı bir hakkının bulunmamasıdır. Nitekim insanlar sadece parasal konulardan dolayı değil bilerek veya bilmeyerek birbirlerini üzmüş olmaktan dolayı bile birbirinden helallik diler ve helalleşirler. Bununla birlikte yine de helaliyetin en belirgin anlamı, kazancında en küçük bir haramın bulunmaması, kendisinin ve geçindirdiği ailesinin boğazından en küçük bir haram lokma geçmemesi, hayatının helal kazanç ve helal ilişkiler üzerinden devam etmesidir.

Bir mümin için helaliyet sınırları içinde yaşayan biri olmanın ilk sebebi, Allah'ın emrinin bu yönde olmasıdır. Nitekim yiyip içilenler başta olmak üzere her tür üretim ve tüketimin helal yollarla yapılması gerektiği anlamında Cenab-ı Hakk şöyle buyurmaktadır: ***"Artık Alah'ın size helal ve temiz olarak verdiği rızıklardan yiyin. Eğer yalnız O'na kulluk ediyorsanız, Allah'ın nimetine şükredin."*** (Nahl/16: 114)

İyi, ahlaklı dindarlar hayatlarının hiçbir anında helaliyet ve meşruiyet sınırları dışına çıkmaz, zor durumda kalsalar bile başkalarının malına mülküne el uzatmazlar. Zira genelde dindarlık özelde ise ahlaklılık, kendi özgür kabulü ve rızası ile belli sınırlar içinde kalmayı kabul etmiş olmaktır. Dindar insanın kendisine helal olmayan sınırlar içinde kâr ve kazanç araması, imanı ve faziletiyle uyuşmadığı gibi insanlığıyla da uyuşmaz. Günümüzde inanç değerleri zayıf insanlar arasında bile uygarca ve insanca bir yaşam sürme adına kendi hakkına razı olma ve kendisine ait olmayana tenezzül etmeme anlayışının gelişmiş örneklerine rastlanabilirken, inanmış insanların, helal olan az bile olsa buna kanaatkârlık gösterip şükretmeleri kendilerinden beklenen en doğal tutum olsa gerektir.

Açıkça bilinen haramlar yanında, haram mı helal mi olduğu tam bilinmeyen şüpheli veya mekruh şeylerden de kaçınmak, helaliyet erdemine sahip olmaya, takvaya ve yüksek ahlaka en uygun davranıştır. Bilhassa haram olma ihtimali yüksek olan şeylere helal diye yorum yapmaktan ve yanaşmaktan kaçınmak gerekir. Kur'an-ı Kerim'in bu konudaki şu uyarısını hiç unutmamak gerekir: ***"Dilleriniz yalana alışageldiğinden dolayı, Allah'a karşı yalan uydurmak için, 'Şu helaldir', 'Şu haramdır' demeyin. Şüphesiz, Allah'a karşı yalan uyduranlar, kurtuluşa eremezler."*** (Nahl/16: 116).

“İnsanlık, ilk günden beri bütün peygamberlerin
üzerinde ittifak ettikleri bir söz bilir:
Şayet utanmıyorsan dilediğini yap!”

(BUHARİ, EDEB, 78)

8. HAYÂ VE İFFET

8.1. HAYÂ

Hayâ, insanın içinde olan ve ayıplanacak durumlara düşmekten, utanma ve kınanacak durumlara düşmekten çekinme duygusudur. Kısaca utanma duygusu denilebilecek olan hayâ, insanı her türlü ahlaksızlıktan, erdemsizlikten, onursuzluk, şerefsizlik, haysiyetsizlik ve özellikle iffetsizlik ve namussuzluktan koruyan bir kalkan gibidir. Hayâ, dar anlamlı bir erdem değil, aslından birçok erdemi içeren, birçoğunu da besleyen bir erdemdir. Allah'ın yaptıklarını bildiği ve gördüğüne inanan biri olarak Allah'ın huzurunda, kendi vicdanı karşısında ve içinde yaşadığı toplum ve insanlık karşısında ahlak dışı bir davranışa düşmekten utanma duygusunu yitirmemiş kişi, ne haksızlık yapabilir, ne adaletsizlik, ne taciz ve tecavüzde bulunabilir, ne yalancılık ve iftirada.

Ayrıca, hayâ duygusu ve erdemi, sadece kötülüklerden korumakla kalmaz, sahibini iyilik ve güzelliklerle de süsler. Örneğin, Peygamberimiz şu hadisinde hayâ ile zarafet arasındaki yakın ilişkiden bahsetmiştir: *"Arsızlık nerede ve kimde olursa olsun çirkinleştirir; hayâ ise nerede ve kimde olursa olsun zarifleştirir."* (Tirmizi, Birr, 47). İşte bu gibi çok yönlü etkileri ve işlevleri nedeniyle Peygamberimiz, hayâyı çok önemli görmüş ve hatta *"Her dinin (kendine özgü) bir ahlakı vardır; İslam ahlakı(nın özü) hayâdır."* (İbn Mace, Zühd, 17) buyurmuştur.

Bu hayâ duygusunun canlılığını ve etkisini koruyan insan, birçok ahlaksızlık ihtimali karşısında, kendisini her an gördüğüne inandığı Allah'tan, insanlardan ve hatta kendi kendisinden utanır; yapılacak bu kötülüğü kendisine yakıştıramaz ve böylece ondan vazgeçer. Ar, namus ve hayâ perdesi yırtılmış denilen insanlar ise artık yaptıkları kötülüklerin duyulmasından, görülmesinden ve kınanmasından rahatsız olmaz hale gelir; böyle insanlardan her türlü ahlaksızlık beklenir. Zira insan ve hayvan arasındaki en belirgin farklılıklardan biri hayâ duygusudur. Hayâ veya utanma duygusunu yitiren insanın hayvanlardan fazla bir farkı kalmaz ve her türlü hayvani davranışı göstermesinden korkulur. İnsani farkını ve değerini korumak isteyen insan ise hayâ ve haysiyet gibi duygularını gözü gibi korur ve geliştirir.

Peygamberimizin belirttiğine göre hayâ veya utanma duygusu, insanlık tarihi boyunca var olan, bütün peygamberlerin vurguladıkları bir erdemdir: *"İnsanlık, ilk günden beri bütün peygamberlerin üzerinde ittifak ettikleri bir söz bilir: Şayet utanmıyorsan dilediğini yap!"* (Buhari, Edeb, 78). Bu ifadede bu kadar tarihsel ve büyük bir anlam yüklenen utanma kavramını, Türkçede çocuğun mahremiyet terbiyesi esnasında daha sık kullanılan 'örtülmesi gereken yerlerinin açıkta kalması' gibi hususlarla sınırlı bir utanmaya indirgeyerek düşünmemek gerekir. Zira bu bağlamda da elbette tamamıyla doğru olmakla beraber böylesine dar anlamda alındığında, hadisteki anlam genişliğini ve işlevini anlamak mümkün olmamaktadır.

Hadiste kastedilen utanma, sadece bir yerin biraz açık kalmasından doğacak utanmayla sınırlı değil, onu da kapsamakla birlikte, toplum içinde hoş karşılanmayan, sadece edebe değil genel anlamda ahlaka karşı bulunan ve yüz kızartıcı sayılan her türlü kötülük karşısında hissedilmesi gereken utanma ve arlanma duygusudur. Buradaki utanmadan kasıt, toplumsal hayatın düzenini bozacak gereksiz şiddet ve kavgadan, hırsızlıktan, tacizden, yalandan ve benzeri her türlü kötülükten ve erdemsizlikten utanmak anlamındadır. Utanma duygusu, böylesine geniş bir çerçevede değerlendirilmeli ve insan utanıp yüzü kızaracağı işleri yapmaktan şiddetle sakınmalıdır.

Bazen farklı düşünenler olabilse de aslında hiçbir erdemin cinsiyet farkı ile alakası yoktur. Her erdem, kadın olsun erkek olsun, her insanın sahip olması gereken yüce değerlerden biridir. Hayâ erdemi de hem erkeklere hem de kadınlara gerekir ve her ikisine de yakışır. Örneğin, hayâ kökenli *yestahyi* (hayâ etme, utanma, çekinme) kelimesi bir ayette Hz. Peygamber için kullanılmaktadır: "*... **Bu davranışınız peygamberi rahatsız ediyor, size söylemeye çekiniyor, oysa Allah hak olanı açıklamaktan çekinmez...*** " (Ahzab/33: 53). Bir başka ayette de aynı kökenli kelime Şuayb aleyhisselamın bir kızı için kullanılmaktadır: "***Bu esnada kızlardan biri utangaç bir eda ile yürüyerek yanına geldi; 'Bizim yerimize (hayvanlarımızı) sulamanın karşılığını ödemek üzere babam seni çağırıyor' dedi...*** " (Kasas/28: 25). Bu ayetlerde görüldüğü gibi hayâ erdemi, kadın-erkek, genç-yaşlı, evli-bekâr herkese yakışan ve yüz kızartıcı kötülüklerden uzak durmak isteyen herkese lazım olan bir erdemdir.

8.2. İFFET

İnsanların ırzları, namusları, aileleri ve nesilleri, aynen canları, malları, dinleri gibi en önemli değerlerindendir. İnsanlar, haklı olarak canları gibi şeref ve namuslarını da her türlü tacizden, kirden ve lekeden korumak isterler. Bu değerlerle ilgili bir kötülük veya yanlışlığa, bütün dinler ve büyük ahlak sistemleri karşı çıkmakta; bunların korunmasını bazı uhrevi ve hukuki yaptırımlar yanında, çeşitli ahlaki erdemler aracılığıyla da sağlama alma yoluna gitmektedirler. Bu konudaki erdemlerden biri edep ve hayâ olduğu gibi bir diğeri de iffet ve namustur.

İffet erdemi, kişinin, bedensel arzu ve isteklerinin karşılanmasını, hukukun ve ahlakın izin verdiği meşru sınırlar içinde tutma iradesini gösterebilmesi halidir. İffetli insan, bu tür konularda her tür çirkinlikten, namussuzluktan, edepsizlikten, taciz ve tecavüzden, hayâsızlık ve utanmazlıktan uzak duran kimsedir. İffetli insan, bedensel arzuları karşısında onları kontrol etmeyi bilen, temizlik ve nezahetini koruyan, saflık ve lekesizliği şiar edinen, hukukun ve ahlakın belirlediği meşru ve helal sınırlar dışında gözü olmayan, nefsî arzularına hâkim, özdenetim gücüne sahip, namuslu bir kişidir. İffetli ve namuslu olmanın, yaş, cinsiyet veya medeni hal ile ilgisi yoktur. İffet herkesi kapsayan ve bağlayan zorunlu bir erdemdir. Bekâr ve genç olan da, evli ve yetişkin olan da, dul ve yaşlı olan da, kadın da erkek de iffetli ve namuslu olmak zorundadır.

Namus da dar anlamıyla alındığında iffet gibidir; biraz daha geniş anlamıyla ele alındığında ise iffetin dışındaki bazı erdemleri de anlam çerçevesi içine alır. Nurettin Topçu'nun tasviriyle namus, kendimizde ve başkalarında varlığını tanıdığımız değerlere tam olarak saygı göstermeye denir. "Namuslu adam, hem kendi izzetinefsine ve şerefine sımsıkı sarılır, onları korur, bayağı menfaatlere değişmez; hem de başkalarının izzetinefsi ve şerefine saygılı olur: Yalan söylemez, kimseyi aldatmaz, çalışkan ve dürüsttür. Başkalarının emeğiyle geçinmeyi düşünmez; elinin emeği ve alnının teriyle kazanır. Hakkından ötesine el uzatmaz; kimsenin hakkını yemez." (2012: 48-49). Kur'an-ı Kerim'de, iffet konusunda sınırlar çizilmekte ve aşılması yasaklanmaktadır (Mearic/70: 29-31; Mü'minun/23: 5-7).

Özellikle evlilik hayatında iffetle çok yakın ilişkisi olan ve onu yakından destekleyen bir erdem vardır ki o da sadakattir. Evlilikte sadakat, gönül ilişkisinde ve cinsel ilişkide sadece eşi ile sınırlı yaşamak konusunda evlilik akdi yaparken verdiği söze bağlı kalmak anlamına gelir. Evli insanların iffetsizliğe düşmemesi için sadakat erdemine dürüstlükle ve ilkesel olarak bağlı kalmaları gerekir. Sadakat, nikâhlandığın eşine karşı bir tür bağlılık sözü verme ve onun yakınında da uzağında da olsan bu sözünde durma kararlılığıdır. Sadakati besleyen başka duygu ve erdemler de vardır. Birbirini seven, birbirine değer veren, birbirine güven duyan ve birbiri ile ilişkilerinde mutlu olan insanların, ahlaki ilkelerine, sözlerine ve evlilik bağına sadakatleri daha kolay olur. Başka bir deyişle, evlilikte sevgi, saygı, dürüstlük ve güven gibi duygular sadakati, sadakat de iffeti artırır, korur ve güçlendirir. Bazı ahlakçılar, aile hayatında eşlerin birbirlerine karşı sahip olmaları gereken ahlaki değerler ve erdemleri, "sadakat, iç emniyet, saygı, sevgi, hatır saymak ve yardımlaşma" olarak listelemiş, daha sonra bunları özetleyerek "sevgi ve sadakatte toplamış" ve nihayet sadakati, "evliliğin ruhu" olarak nitelendirmişlerdir (bkz. Erdem, 2003: 142-43).

Pek çok ayette belirtildiği üzere, insanlar evli olsun bekâr olsun iffetli olmak durumundadırlar. Bu Allah'ın emridir ve Allah'ın emrine uymak müminin görevidir. Şu ayet, bunu vurgulayan ayetlerden biridir: ***"Evlenmeye güçleri yetmeyenler de, Allah kendilerini lütfuyla zengin edinceye kadar iffetlerini korusunlar..."*** (Nur/24: 33). Allah'ın emrine uymayarak çirkin işler yapmak, ölümden sonraki hayatta Cehennem ile cezalandırılmayı; bunun tersine, Allah'ın emrine uyup gerektiğinde sabrederek iyilik özelliklerini korumak ise Cennet ile ödüllendirilmeyi gerektirdiğinden, iffetini ve namusunu koruma yönündeki ilahi emre uymak, benzer uhrevi neticelerle sonuçlanacaktır. Nitekim bu konuda Kur'an'da şöyle buyrulmaktadır: ***"... namuslarını koruyan erkeklerle namuslarını koruyan kadınlar ...var ya, işte onlar için Allah bağışlanma ve büyük bir mükâfat hazırlamıştır."*** (Ahzab/33: 35).

İffetli ve namuslu hayatın daha temiz bir hayat olduğu, Kur'an'ın şu ayetteki beyanıdır: ***"Mümin erkeklere söyle, gözlerini haramdan sakınsınlar, ırzlarını korusunlar. Bu davranış onlar için daha nezihtir... Mümine kadınlara da söyle onlar da gözlerini haramdan sakınsınlar, ırzlarını korusunlar..."*** (Nur/24: 30-31). Bireysel hayatları nezih olan kişilerden oluşan toplumlar da daha temiz, daha güvenli, daha gelişmiş toplumlar olur. İffet erdeminin gerçek anlamda yaşandığı ve yaygın olduğu toplumlar, cinsel suç oranının daha düşük olduğu, cinsellik kökenli mağduriyetlere daha az rastlanan toplum olma niteliği taşırlar. Böyle olmayan toplumlarda ise daha çok sayıda cinsel kökenli şiddet ve suç haberine rastlanmak durumunda kalınır ve erdemli insanlar âdeta cinsiyetlerinden veya insanlıklarından utanır hale gelirler. Şiddet oranının azaldığı daha medeni bir toplumda yaşama hayali, iffet, namus, sadakat gibi erdemlerin daha içten ve gönülden benimsendiği ve uygulandığı bir toplum düzeyine ulaşmayı gerektirmektedir.

Cinsiyeti ne olursa olsun insan, iffetsizliğin kısa ve uzun vadeli tehlikeleri ve zararlarını düşünerek sabırlı, kararlı ve dirençli olmalı; anlık bir meyil ile tuzağa düşmemek için Allah'tan yardım dilemelidir. Nitekim iffetliliğin en güzel örneklerinden Hz. Yusuf böyle yapmış ve iffetini ve nezahetini bu şekilde korumuştur. Kur'an'da bu örnek durum şöyle anlatılmaktadır: ***"Bunun üzerine kadın onlara dedi ki: 'İşte bu, beni hakkında kınadığınız kimsedir. Andolsun, ben ondan murad almak istedim. Fakat o, iffetinden dolayı bundan kaçındı. Andolsun, eğer emrettiğimi yapmazsa, mutlaka zindana atılacak ve zillete uğrayanlardan olacak.' Yusuf, 'Ey Rabbim! Zindan bana, bunların beni davet ettiği şeyden daha sevimlidir. Onların tuzaklarını benden uzaklaştırmazsan, onlara meyleder ve cahillerden olurum.' dedi. Rabbi, onun duasını kabul etti ve kadınların tuzaklarını ondan uzaklaştırdı ..."*** (Yusuf/12: 32-34)

"(Ey Muhammed!) Seni ancak âlemlere rahmet olarak gönderdik."

(ENBİYA/21: 107)

9. ŞEFKAT VE MERHAMET

9.1. ŞEFKAT

Birlikte anılan bir başka çok önemli erdemler ikilisi, şefkat ve merhamettir. Bunlar birbirine çok yakın erdemlerdir ve çok kere beraberce zikredilirler. Aralarındaki küçük fark ayırt edilmek istendiğinde belki işin içine sevgiyi de dâhil gerekir. Bu üçüne birden bakıldığında, bir tarafta merhamet, öbür tarafta sevgi varsa, şefkat bu ikisinin tam ortasına düşer. Bu şefkatte, hem sevgi hem de merhamet var demektir. Şefkat bir yanıyla sevgiye bir yanıyla merhamete yakındır. Hatta sevgi ve merhametin birbiriyle kesişen iki daire olduğunu düşünsek, bunların kesiştiği ortak alan şefkat alanı olurdu. O halde, şefkat, 'içinde merhamet barındıran sevgi' olarak ya da tersinden alındığında, 'içinde sevgi barındıran merhamet' olarak tanımlanabilir.

Şefkat denildiğinde ilk akla gelen tamlama "anne şefkati" ifadesidir. Bu ifade de aslında şefkatin ne olduğu konusunda çok önemli ipuçları vermektedir. Annenin bebeğine şefkatinde hangi temel unsurlar varsa, öteki şefkat türlerinde de onların benzerleri vardır. Anne, bebeğini veya çocuğunu fazlasıyla sever, hatta ona çok düşkündür. Anne, bebeğinin acıkma veya susama gibi durumlarında hemen onun yardımına koşar ve onun ihtiyaçlarını giderir. Anne çocuğunun hastalanması ve ağlaması durumunda fazlasıyla acır, üzülür ve hemen bebeğinin acı ve ıstırabını gidermek için elinden gelen tüm fedakârlığı yapar. Anne, bebeğinin ona verdiği bütün sıkıntılara katlanır, her türlü sabrı gösterir. Anne, çocuğu büyüyüp bilinçli olarak bazı hatalar ve kusurlar işlediğinde, çocuğunun ufak tefek kusurlarını görmezden gelir, hatalarını kolayca bağışlar ve affeder. Kısacası, annenin çocuğuna olan sevgisi karşılıksız, ilgisi sınırsız, merhameti sonsuzdur. İşte bütün bunların toplamına şefkat, anne şefkati denir. Öteki şefkatlerde de bu özellikler vardır.

Şefkat, İslam ahlakının önemli erdemlerindendir. Zira o, Kur'an'da, hem Allah Teâlâ'nın hem de Hz. Peygamberin özellikleri arasında zikredilir. Allah'ın kullarına karşı, bazı ayetlerde şefkatli olduğu, bazılarında da hem şefkatli hem de merhametli olduğu belirtilir. Mesela, Bakara suresi 207. ayette, "... Allah, kullarına çok şefkatlidir" buyrulur. Aynı surenin 143. ayetinde de, ilahi şefkat ve merhametin, kulların bazı kusurlarının affına neden olduğu görülmektedir: "... Allah imanınızı asla zayi edecek değildir. Çünkü Allah insanlara karşı çok şefkatli, çok merhametlidir". Başka bir ayette de şefkat ve merhametin, sebep olduğu ilahi lütuflar dile getirilmektedir: "Sizi karanlıklardan aydınlığa çıkarmak üzere kuluna apaçık ayetler indiren O'dur. Kuşkusuz Allah, size karşı çok şefkatli, çok merhametlidir." (Hadid/57: 9)

Şefkat ve merhamet aynı zamanda Peygamberimizin de özelliğidir. Ve onun bu özelliği anlatılırken şefkat ve merhametin tüm temel özellikleri de vurgulanmış olmaktadır: ***"Andolsun, size içinizden öyle bir peygamber gelmiştir ki, sizin sıkıntıya uğramanız ona ağır gelir, size çok düşkündür, müminlere karşı şefkat ve merhamet doludur."*** (Tevbe/9: 128). Burada şefkatin iki temel bileşeni veya iki komşu erdemi olan merhamet (sizin sıkıntıya uğramanız ona ağır gelir) ve sevginin (size çok düşkündür) ikisi de çok açıkça anılmaktadır.

Allah'ın kullarına karşı, Hz. Peygamberin de ümmetine karşı şefkati, müminlerin de güçleri nispetinde din kardeşleri başta olmak üzere tüm insanlara ve canlılara karşı şefkat göstermeleri ve şefkatle muamele etmeleri gerektiğini gösterir. Müminler birbirlerine karşı kin ve nefret gibi kötü duyguları, düşmanlık ve zulüm gibi kötü fiilleri bir yana bırakıp tam anlamıyla karşılıklı şefkat ve merhamet içinde olmalı, bunu tüm kalpleriyle ve davranışlarıyla gerçekleştirebilmek için şöyle dua etmelidirler: ***"Ey Rabbimiz! Bizi ve bizden önce inanan kardeşlerimizi bağışla. Kalplerimizde inananlara karşı hiçbir kin bırakma. Ey Rabbimiz! Şüphesiz sen çok şefkatlisin, çok merhametlisin."*** (Haşr/59: 10).

9.2. MERHAMET

Merhamet, insanlar başta olmak üzere duygulu varlıkların çektiği sıkıntılar ve ıstıraplar, acılar ve kederler karşısında empati hissetmek, üzüntü duymak ve bu durumun ortadan kalkması için yapabileceği bir yardım varsa seve seve onu yapmaktır. Merhamet ve şefkat, kökeni insanın duygusal derinliklerinde bulunan fıtri bir erdemdir. Şefkatte kendisine acınılan kişiye karşı sevgi beslemek asli unsurlardan biri iken, merhamette bu zorunlu bir öge değildir. Merhametin içinde de genellikle sevgi vardır; ancak sevgi duyulmayan kişilere de salt acıma hissiyle merhamet duymak ve yardım etmek mümkündür. Bu açıdan bakıldığında merhamet sevgiden daha geniş kapsamlı olabilmektedir. Merhamet ve şefkat, zor durumda olan insanlara yardım ve fedakârlığa sevk ettiği ölçüde, pasif bir duygulanım olmaktan aktif bir ahlaki erdem olmaya doğru dönüşür. Zaten bunları erdem kılan da, er ya da geç, doğrudan veya dolaylı, başkasının çektiği sıkıntının ortadan kalkması için sağladıkları faydadır.

Merhamet, İslam ahlakının en önemli erdemlerindendir. Allah, merhametlilerin en merhametlisidir. Nitekim Allah, kendi rahmeti ve merhametiyle ilgili olarak bazı ayetlerde "kendi üzerine rahmeti yazmış" olduğunu (Enam/6: 12, 54) bildirirken bir başka ayette, "... ***Rahmetim ise her şeyi kapsamıştır...***" (Araf/7: 156) buyurur. Rasulullah da rahmet ve merhamet elçisi olarak gönderilmiştir. Cenab-ı Hak, onun gönderilişini şöyle vasıflandırmaktadır: "(Ey Muhammed!) ***Seni ancak âlemlere rahmet olarak gönderdik.***" (Enbiya/21:

107). Onun müminlere karşı şefkat ve merhameti ile ilgili ayete (Tevbe/9: 128) ise şefkat bahsinde değinmiştik.

Müslümanlar da kendi aralarında birbirlerine karşı çok merhametli olmak durumundadırlar. Bir ayette belirtildiği üzere, ***"Muhammed, Allah'ın Resulüdür. Onunla beraber olanlar … birbirlerine karşı merhametlidirler…"*** (Fetih/48: 29). Mümin, kardeşinin sıkıntısı ile üzülen ve onu o sıkıntıdan kurtarmak için elinden gelen yardım ve fedakârlığı hiç tereddüt etmeden yapan kimsedir. Merhamet ve şefkatin gereği olan bu tür fedakârlıklar, örneğin, ***"Köle azat etmektir. Veya bir kıtlık gününde yakını olan bir yetimi yahut aç açık bir yoksulu doyurmaktır. Sonra iman edip birbirlerine sabrı tavsiye edenlerden ve acımayı öğütleyenlerden olmaktır."*** (Beled/90: 13-16).

Bu ayetlerin sonunda görüldüğü gibi Müslüman sadece gönlünde merhamet hisseden ve onun gerektirdiği yardımı yapan kimse değildir; bunlar yanında o, insanlar arasında merhamet ve şefkatin yaygınlaşması için çalışan, onu başkalarına da tavsiye eden insandır. Merhamet onu hem dünyada yüceltecek hem de ahirette mutluluğa erdirecektir. Zira ayeti kerimede bu durum şöyle müjdelenmektedir: ***"Sonra … birbirine merhameti tavsiye edenlerden olanlar var ya, işte onlar ahiret mutluluğuna erenlerdir."*** (Beled/90: 17-18).

Gerek insanlara ve gerekse hayvanlara karşı acımasızlığın en insafsız hallerinin uygulandığı ve bunların herkesin gözü önünde yapıldığı günümüz dünyasında, Müslümanların birbirlerine ve tüm canlılara karşı "şefkat ve merhametle muamele" etme kültürlerine ve bu kültürün tüm dünyada yaygınlaşması için gayret sarf etmelerine ne kadar ihtiyaç olduğunu anlamak için fazla derin düşünmeye gerek yoktur; herhangi bir gün dünyada olup bitenleri anlatan bir haber programını izlemek yeterlidir. Tabii bizlerin, başkalarına merhamet tavsiye ettiğimizde etkili olabilmemiz için onu öncelikle kendi içimizde ve kendi aramızda tesis etmemiz gerektiği aşikârdır. Zira *"İnsanlara merhamet etmeyene Allah da merhamet etmez."* (Müslim, Fedail, 66) hadisindeki uyarının sonucundan ne kadar kaçınmamız gerektiği açıktır.

"Birtakım insanlar onlara, 'İnsanlar size karşı asker toplamışlar, onlardan korkun' dediler de bu, onların imanlarını arttırdı ve 'Allah bize yeter, O ne güzel vekildir!' diye cevap verdiler."

(AL-İ İMRAN/3: 173)

10. CESARET VE MERTLİK

10.1. CESARET

Cesaret; tehlike, tehdit, risk veya korkulacak bir durum karşısında yılmadan öne atılarak gerekeni yapabilme kararlılığıdır. Cesaret, yüreklilik, gözüpekliktir, mutlak anlamda değilse de takdire şayan bir ölçüde korkusuzluktur. Cesaret, kişinin kendisinin veya sevdiklerinin canı, malı, namusu, özgürlüğü, ailesi, dini, vatanı ve benzeri değerleri tehdit altında olduğunda ya da bir masum kişi herkesin göze alamadığı bir durumda birinden yardım umduğunda, yılmadan ve korkaklık göstermeden, duruma göre diliyle, eliyle veya her tür imkânıyla hakkı ve haklıyı savunması, zor durumda olana yardım elini uzatması, bu uğurda belli ölçüde tehlikeyi ve riski göze alarak gözüpekçe ve yüreklice öne atılabilmesidir. İbn Hazm'ın cesaret tanımında ölümü göze almak da vardır. Ona göre, cesaret, "bir kimsenin, dinini ve namusunu, baskı altındaki komşusunu, haksızlığa maruz kalıp kendisine sığınan mazlumu; malı, onuru ve benzeri hakları saldırıya uğrayan bir mağduru -saldırgan tarafın azlığına veya çokluğuna bakmaksızın- ölümü göze alarak savunmaktır." (2012: 87).

Cesur insan, sıradan insanların korkarak veya çekinerek uzak durdukları eylemleri, özellikle ahlaki saikleri göz önünde bulundurarak tereddüt etmeksizin yapabilen kişidir. Güçlü birinin yalan iddiaları karşısında hakikati söylemeyi birçok insan içinden geçirebilir; ancak pek çoğu bunu açıkça dile getirmeyi düşünmezken sadece cesur olanlar içinden geçen doğruyu açıkça söyleme yürekliliğini gösterirler. Yahut zalim birinin zayıf birine zulmettiğine şahit olan birçok kişi içinden zalimi kınar ve mazluma acır; fakat sadece cesur olanlar, zalimi mazlumun elinden kurtarmak için ne yapmak gerekiyorsa onu yapmaya girişirler. Cesareti erdem yapan, her durumda korkusuzca maceralara atılmak değil, bazı değerler gerektirdiği zaman, onlar uğruna riski göze almak ve gerekeni yüreklice yerine getirmektir. Yoksa bir zalimin zulüm uğruna korkusuzca tehlikelere atılması, erdem sayılan cesaretin kapsamına girmez.

Mümin, gerek söz ile hakkı savunmak anlamına gelen medeni cesaret konusunda gerekse vatan ve din gibi büyük kutsal değerlerin savunulduğu savaşlarda korkmadan üzerine düşen görevi yapan cesur ve yiğit kişidir. Cenab-ı Hak, bu gibi değerler söz konusu olduğunda korkmanın doğru bir davranış olmadığını, müminlerin Allah'a güvenip cesurca hareket etmek zorunda olduklarını bildirir: ***"... Yoksa onlardan korkuyor musunuz? Oysa Allah, -eğer siz gerçek müminler iseniz- kendisinden korkmanıza daha layıktır."*** (Tevbe/9: 13).

İslam tarihi, gerek din ve vatan savunmasında gösterilen cesaretin gerekse sivil hayatta hakkı ve hakikati savunmak anlamındaki medeni cesaretin eşsiz örnekleriyle doludur. Müminlerin, düşmandan korkmaları gerektiği söylentileri çıkarıldığında hiç korkmadıkları ve hatta bunun onların imanını artırdığı şu ayetle sabittir: ***"Birtakım insanlar onlara, 'İnsanlar size karşı asker toplamışlar, onlardan korkun' dediler de bu, onların imanlarını arttırdı ve 'Allah bize yeter, O ne güzel vekildir!' diye cevap verdiler."*** (Al-i İmran/3: 173).

Cesaretin zıddı korkaklıktır ve korkaklık Kur'an'da kınanmaktadır: "*... size tecavüzü ilk defa kendileri başlatan bir kavimle savaşmaz mısınız? Yoksa onlardan korkuyor musunuz?....*" (Tevbe/9: 13) Oysa mümin zalimlerden korkmaz ve onlarla mücadeleden kaçmaz: "*... Onlar müminlere karşı alçak gönüllü, kâfirlere karşı güçlü ve onurludurlar. Allah yolunda cihad ederler. (Bu yolda) hiçbir kınayıcının kınamasından da korkmazlar...*" (Maide/5: 54). "*Ey iman edenler! Savaş düzeninde iken kâfirlerle karşılaştığınız zaman sakın onlara arkanızı dönmeyin (savaştan kaçmayın).*" (Enfal/8: 15). Bu ayetler, müminleri gerek bireysel hayatlarında gerek hakikati dile getirmenin zor göründüğü toplumsal platformlarda gerekse din ve vatan savunmasında korkak değil cesur ve yürekli olmaya, yiğitçe ve mertçe davranmaya teşvik eden ayetlerdir.

10.2. MERTLİK

Mertlik, cesaret ve yiğitliğin başka birçok erdemle birleşmiş halidir. Mertlik, sınırlı bir erdem olmaktan ziyade bir erdemler bütünüdür ve o erdemler bütününe sahip olan insanların karakter özelliğidir. Mert insanda, cesaret, dürüstlük, hakkaniyet, güvenilirlik mutlaka bulunan erdemlerdendir. Mert insan, içi ve dışı bir insandır. Mert insanın, münafığı ve riyakârı, dalkavuğu ve sahtekârı olmaz. Mert insan, sözünü esirgemez, biraz dobradır ve sözünün eridir ve her zaman sözüne sadık kalır. Mert insan, cesur insan gibi inandığı değerler uğruna riskleri göze alır ve sonuna kadar mücadele eder. Bununla birlikte belki cesur insandan da farklı ve fazla olarak istediği amacı elde etmede asla hileye, yalan dolana, ikiyüzlülüğe, basit kurnazlıklara, ucuz kahramanlıklara, gizli hesaplara, kitabına uydurmalara, alçakça planlara, kısacası ahlaka, erdeme ve adam gibi adamlığa ters düşecek en küçük bir oyuna başvurmaz, en küçük bir sıradanlığa tenezzül etmez. Mert insan için amaç kadar araç, sonuç kadar süreç önemlidir ve hiçbir amaç veya sonuç, araç veya süreçte herhangi bir gayri ahlakiliğe izin vermez. Mert insanın her anı ve her aşaması mertçedir; mertlik, bölünme kabul etmeyen bir karakter erdemidir. Mertlik, adamlık yahut adam gibi adamlık, kâmil bir insanlık, tüm ahlaki erdemleri kendinde cem etmiş bir yetişkinlik ve yetkinlik anlamına gelir.

Tabii burada kullanılan 'adam gibi adamlık' ifadesinin, cinsiyetle ya da yaşla hiçbir alakası yoktur. Adamlıktan kasıt insanlıktır; erkeğin de mert ve namert olanı, kadının da mert ve namert olanı olur. Benzer şekilde, yetişkinin de mert olanı, genç olanın da mert olanı olur; dilimizdeki 'delikanlılık' tabiri çoğu zaman genç insanın mertliği anlamında kullanılır. 'Delikanlılığa sığmaz' demek, genç insanın mertliğine yakışmaz demektir. Yaşı veya cinsiyeti ne olursa olsun, mert insan; cesurdur, dürüsttür, açık yüreklidir, açık sözlüdür, sözünün eridir, sözünün ve davranışlarının her zaman arkasındadır, özgüven sahibidir, başkasına saygılıdır, hakkaniyetlidir, haysiyetlidir, onurludur, güvenilirdir. O, asla, korkak, kaypak, alçak, sahtekâr, hilekâr, vefasız, erdemsiz değildir. Mert insan, aç kalsa bile dilenmez; affedilmesi için mecbur kalsa bile yaltaklanmaz; ağır tehditler karşısında bile yalan konuşmaz; ölümcül mücadelelerde bile ayak oyunlarına başvurmaz. Mert insan herkese karşı saygılıdır; ama hiç kimse karşısında korku veya menfaat için eğilmez. Mert insan, aynı zamanda, herkese karşı çok naziktir ve terbiyelidir; ama hiç kimseye karşı asla yaltaklanmaz ve dalkavukluk etmez.

Mertlikle ilişkili kavramlar veya erdemlerden bir grubu da, haysiyet, şeref veya onur kavramıdır. Mert insanların en düşkün oldukları değerlerden biri, haysiyet ve şerefleridir. Onlar, onurlarına düşkün insanlardır ve bunun zedelenmesini asla istemezler. Toplum halinde "yaşayışımızın zorunlu sonucu olarak mesleğimiz, makamımız, ünümüz bize başkalarının gözünde birtakım değerler kazandırır. Memur, tüccar, doktor veya sanatkâr olarak herkesin toplumda bilinen bir şöhreti vardır. Buna şeref derler. ... Şerefin ölçüsü, insanın toplumdaki yeridir. O bize toplumdan gelir." (Topçu, 2012: 47). Mert insanlar, hem kendilerinin kendi gözlerindeki saygınlığı hem de toplumun onlarda gördüğü haysiyet ve şerefi kaybetmeyip korumayı, en değerli hazinelerini korumaktan bile daha önemli görürler. Onlar maddi hazinelerini kaybetmeyi göze alabilirler ancak haysiyetlerini kaybetmeyi göze alamazlar; çünkü hazinesiz çok rahat yaşayabilirler ama haysiyetsiz yaşayamazlar.

Kur'an-ı Kerim'de kıssaları anlatılan Ashab-ı Kehf gençleri, mertlik ve delikanlılık örneği olarak da görülebilirler. Kur'an'a göre, ***"Bir zamanlar, genç yiğitler mağaraya sığınmışlar, şöyle demişlerdi: Ey Rabbimiz! Bize katından bir rahmet ihsan et, bize içinde bulunduğumuz durumdan bir çıkış yolu göster!' ... Biz sana onların haberlerini gerçeğe uygun olarak anlatacağız. Şüphesiz onlar, Rablerine iman eden bir grup yiğit gençti. Biz onların hidayetlerini artırdık. Onların kalplerini sağlamlaştırıp güçlendirdik. Kalkıp şöyle dediler: 'Bizim Rabbimiz, göklerin ve yerin Rabbidir. Biz kesinlikle ondan başka bir ilaha tapmayız. O zaman cidden saçma bir şey söylemiş oluruz. ..."*** (Kehf/18: 10, 13, 14). İslam tarihi içinde Hz. Ali (r.a.) ve daha sonraları Abbasiler döneminde kurulup Anadolu'da da asırlarca devam eden Fütüvvet, Ahilik ve Yarenlik gibi zamanının sivil toplum kuruluşlarına mensup insanlar da yaşayışlarında mertliğin pek çok örneği bulunan kişilerdir. Bu teşkilatlara mensup idealist gençler ve insanlar başka pek çok onlarca erdemler listesi yanında özellikle şu dört erdemle karakterize ediliyorlardı: bencillikten arınmışlık, yiğitlik, cömertlik ve onur (Helminski, 2004: 378).

Kısacası mertlik, tek bir erdem olmaktan ziyade aslında cesaret ve dürüstlük başta olmak üzere pek çok erdemin bir kişide bir araya gelmesi ve davranışlarında gözükmesidir. Cesaret kavramı, erdemsiz insanlar için de zaman zaman belki kullanılabilir; ama mertlik kavramı, asla erdemsiz ve ahlaksız insanlar için kullanılabilecek bir sıfat değildir. Örneğin bir kişi için 'zalimdi ama çok cesurdu' denebilir; ama hiç kimseye 'zalimdi ama çok mertti' denilemez. Mertlik, herhangi bir ahlaksızlık ve erdemsizlik ile bir arada kullanılamaz. Zira o, ahlaklılık, erdemlilik, vicdanlılık gibi doğrudan doğruya pozitif anlam taşıyan bir erdemdir, daha doğrusu erdemler bütünüdür. Dolayısıyla mertlik kavramı günlük dilde ne kadar sık kullanılsa ve mertlik erdemi ne kadar övgüyle vurgulansa bireysel ve toplumsal ahlakın gelişimi açısından o kadar iyidir.

"Andolsun ki sizi biraz korku ve açlıkla, bir de mallar, canlar ve ürünlerden eksilterek deneriz. Sabredenleri müjdele."

(BAKARA/2: 155)

11. SABIR VE SEKİNET

11.1. SABIR

Sabır, sıkıntılı ve zor durumlar karşısında, bu haller geçene kadar, ruh sükunetini ve alışılmış yaşam biçimini sağduyu sınırları içinde sürdürebilmek, dayanıklılık göstermek ve aşırı tepkilerden uzak durabilmektir. Sabır, Kur'an'da çok sık geçen, bütün peygamberlerin sahip olduğu ve nübüvvet görevlerini icra ederlerken başarıyla uyguladıkları en merkezi erdemlerden biridir. Cenab-ı Hakk, daha önceki peygamberlerin sabrını örnek göstererek Peygamberimize sabrı öğütlemiştir: ***"Azim ve kararlılık sahibi peygamberlerin sabrettikleri gibi sen de sabret..."*** (Ahkaf/46: 35). Dolayısıyla sabır, her Müslümanın hayatın zorlukları ile mücadele ederken ve nefsine zor gelebilen dinî emir ve yasaklara uygun bir hayat sürerken, kâmil ahlaka sahip bir insan olma yolunda ilerlerken uygulaması gereken bir erdemdir. Sabırlı insan, sabır gerektiren zor durumlarda bu erdemin gerektirdiği dayanıklılığı gösteren, sıkıntılar ve sorunlar altında ezilmeyip anlayış, ağırbaşlılık, çalışma ve dua ile onların üstesinden gelmeye çalışan insandır. Sabırlı insan, sıkıntılar karşısında çözüm beklentisini zamana yayabilen ve bu zaman içinde ne yapması gerekiyorsa onu en güçlü bir biçimde yerine getirebilen insandır.

Sabrı gerektiren konular çok çeşitlidir. Bunları şöyle sıralamak mümkündür: 1) Allah'ın emirlerini yerine getirmekte ve yasaklarından sakınmakta sabır. 2) Üzücü haller ve sıkıntılı durumlar karşısında sabır. 3) Geçmişte olup bitmiş ve elden çıkmış kayıplara sabır. 4) Gelecekte olmasından korkulan musibetlere karşı sabır. 5) Ulaşmak için çabalanan bir nimeti kazanmak için sabır (Maverdi, 1982:465-70). Bunların bazıları şu ayette belirtilir: ***"Andolsun ki sizi biraz korku ve açlıkla, bir de mallar, canlar ve ürünlerden eksilterek deneriz. Sabredenleri müjdele."*** (Bakara/2: 155). Sıkıntı ve darlıklar, bela ve musibetler karşısında sabretmek gerektiği gibi bolluk ve nimetler, zenginlik ve lüks içinde yaşama imkânı karşısında da ölçülülükten ayrılmama konusunda sabırlı olmak gerekir. Ancak bu ikincisi, birincisinden daha kolaymış gibi gözükmesine rağmen hiç de öyle kolay olmadığı anlaşılmaktadır. Zira Abdurrahman b. Avf (r.a.) bu ikisini karşılaştırarak şöyle demiştir: *"Resulullah ile beraber zorluklarla imtihan edildik ve sabrettik. Hz. Peygamber zamanından sonra ise bollukla imtihan edildik, fakat sabredemedik."* (Tirmizi, Sıfatü'l-kıyame, 30).

Kişisel sıkıntılar karşısında sabretmek gerektiği gibi bazı toplumsal ilişkilerdeki zorluklar karşısında da sabırlı olmak gerekir. Zira Cenab-ı Hak şu ayette öyle emretmektedir: ***"Allah'a ve Resulüne itaat edin ve birbirinizle çekişmeyin. Sonra gevşersiniz ve gücünüz, devletiniz elden gider. Sabırlı olun. Çünkü Allah sabredenlerle beraberdir."*** (Enfal/8: 46). Ayrıca Allah Teâlâ, sabredenlerle beraber olduğu gibi, onları sevdiğini de belirtir: ***"Allah, sabredenleri sever."*** (Al-i İmran/3: 146).Hz. Peygamber de, *"İnsanlarla bir arada yaşayan ve onların eziyetlerine sabreden mümin, insanlarla bir arada yaşamayan ve onların eziyetlerine sabretmeyen müminden daha büyük ecre nail olur."* (İbn Mace, Fiten, 23) buyurmuştur.

Bu durumda müminlere hem sabırlı olmak hem de birbirine sabrı tavsiye etmek düşer. Kur'an'da yapılan öğüt de bu yöndedir: ***"Andolsun zamana ki, insan gerçekten ziyan içindedir… birbirlerine sabrı tavsiye edenler başka."*** (Asr/103: 1-3). Sabrı tavsiye etmek, aynı zamanda, sabrın uzun süreli, sağlam ve sarsılmaz türevleri olan sebat, metanet ve sekinet gibi onun kardeşi olan erdemleri de tavsiye etmektir. Bilhassa sekinet, en ağır ve uzun darbeler karşısında bile hiç veya en az sarsıntı ve sızlanma ile hayat akışını sürdürebilmektir. Sabırla ilgili tavsiyelerin özü, sevinçler gibi kederlerin de kalıcı olmadığı ve biraz sabırlı ve dayanıklı olunursa günü geldiğinde hepsinin geçeceğini hatırlamaktır. İnsanların yaşadığı acı ve tatlı olağanüstü haller, Yunus'un dediği gibidir; gün gelir dün olur:

11.2. SEKİNET

Sabırla bağlantılı erdemlerden biri sekinettir. Sekinet, günlük dilde daha sık kullandığımız ve daha iyi bildiğimiz sükunet ile aynı köktendir ve aşağı yukarı aynı anlama gelir. Sükunet, kaygı, telaş ve panik içinde hareket etmeyip sakin ve durgun halde bulunmaktır. Sükunet, hem maddi ve bedeni hem de manevi ve ruhi durgunluk ve telaşsızlık hali anlamına gelirken, sekinet, bu halin daha ziyade ruhi ve manevi boyutunun adıdır. Bu anlamıyla sekinet, sabır gerektiren zor ve sıkıntılı durumlarda aşırı kaygıya kapılmamak, stres ve depresyon ile ruhsal çöküntü haline düşmemek, telaş içinde ne yapacağını bilmez tarzda hareketler etmemek, bunların aksine, ruh sükuneti ve dinginliğini korumak, belki üst üste bile gelseler sıkıntılı durumlar karşısında elden geldiğince sarsılmamak, alışageldiği olgun duruşunu, ağırbaşlılığını ve vakarını korumaktır.

Sekinet erdemine sahip olan kişi, sıkıntılı olaylar karşısında sabrettiği ve tahammül gösterdiği gibi, iç barışını ve gönül huzurunu koruyan, kalp duruluğu ve kuvvetini muhafaza eden, maneviyat sağlamlığının sarsılmasına izin vermeyen güçlü insandır. Birçok insan, başına gelen felaketler karşısında sarsılıp, dağılır, ruhi dengesini ve manevi değerlerini zarar görmeden korumayı başaramazken, sekinet sahibi insan, fırtına anının dalgalı denizindeki küçük bir tekne değil güçlü bir gemi gibi yoluna ve istikametine -belli tedbirleri alarak ve durumun gereği neyse onu sağduyu içinde yerine getirerek- devam eder.

Sekinet sahibi insan, ruhsal dinginliğini, sarsılmazlığını, iç barış ve kalbi huzurunu her daim muhafaza eden, maneviyatını ve Allah'a güvenini her daim koruyan kamil insandır. Nitekim, Fetih suresinde belirtildiği gibi, "... müminlerin kalplerine sekinet (huzur ve güven) aşılayan O'dur..." (48: 4). Peygamberimiz de müminin sabırlılık ve sekinetini çok güzel bir teşbihle şöyle anlatmıştır: *"Mümin, yeşil ekine benzer. Rüzgârla eğilir* (fakat yıkılmaz). *Rüzgâr sakinleştiğinde yine doğrulur. İşte mümin de böyledir; o da bela ve musibetler sebebiyle eğilir* (fakat yıkılmaz). *Kâfir ise sert ve dimdik selvi ağacına benzer ki Allah onu dilediği zaman (bir defada) söküp devirir."* (Buhari, Tevhid, 31).

Sekinet zor ve sıkıntılı zamanların ilacıdır. Örneğin, Peygamberimiz, Medine'yi müdafaa için hendek kazımı esnasında bir taraftan toprak taşırken bir taraftan da arkadaşlarına katılır, onların dizelerine Abdullah b. Revaha'nın beyitleriyle karşılık verirmiş; son sözcüğü de olanca gücüyle bağırarak tekrarlarmış. Onun söylediği ve o anların sıkıntılı haline uygun düşen ve içinde sekinet vurgusu da geçen beyitlerin Türkçesi şudur:

Sen olmasaydın Allah'ım, bulamazdık hidayeti
Zekatı veremez, kılamazdık namazı.
Karşılaşınca düşmanla, sen ver sekinet bize
Ayaklarımızı sen sağlam tut yerinde.
Şüphesiz kâfirler saldırdılar bizlere
Bizse geri durduk, onlar istese de fitne! (Buhari, Meğazi, 30)

İnsan, bir bela ile karşılaşıp sıkıntıya düştüğünde, sabır ve metanetini, sükunet ve sekinetini korumak için şu gerçekleri aklından çıkarmamalıdır: Her şey fanidir; sevinçler de sıkıntılar da gün gelir geçip gider. Kişi, aşırı üzüntü ve keder yüzünden kendisine ve belki çevresine verdiği zararla ve pişmanlıkla kalır. İnsan, kendisinden daha ağır sıkıntılar içinde olanları aklına getirmeli, o durumda olmadığı için şükretmelidir. İçine düştüğü sıkıntılara karşı olgunca bir tutum takınabilmesi durumunda, yaşadığı sıkıntıların, kendisini daha dayanıklı, daha tahammüllü, daha olgun hale getireceğini düşünmelidir. Ayrıca Allah'ın takdirine olan inancı çerçevesinde kaderine rıza göstermesi halinde ahirette kavuşacağı karşılığı düşünmeli ve sekinetini soğukkanlılık ve sağduyu içinde muhafaza etmeye çalışmalıdır.

Doğruluk, ahde vefâ, va'de sadâkat, şefkat;
Acizin hakkını i'lâya samimi gayret;
En ufak şeyle kanaat, çoğa kudret varken;
Yine ifrât ile vermek, veren eller darken.

MEHMET AKİF ERSOY, (1981: 171)

12. ÖLÇÜLÜLÜK VE DENGELİLİK

12.1. ÖLÇÜLÜLÜK

Ölçülülük, insanın gerek duygu ve düşüncelerinde gerekse tutum ve davranışlarında makul ve makbul sınırlar içinde kalması, aşırı gidip haddi aşmamasıdır. Ölçülük, bir huy veya davranışın aşırı fazlalığı (ifrat) veya aşırı azlığı yahut eksikliği (tefrit) içinde olmayıp orta halliliği (itidal) içinde olmak, orta yolda (mutedil) davranışlar sergilemektir. Hayatın çeşitli durumlarında orta yolu izleyip ölçülü davranışlar sergilemek, erdemli yolda istikamet sahibi olmanın teminatıdır ve Allah'ın müminlere emirlerindendir. Örneğin bir ayette şöyle buyrulur: "... Namazında niyazında sesini fazla yükseltme, fazla da kısma, ikisinin arasında bir yol tut." (İsra/17: 110). Aynı kural sadece ibadetlerde değil, günlük hayattaki harcamalarda ve hayırseverliklerde de geçerlidir: ***"Eli sıkı olma, ölçüsüzce eli açık da olma; sonra kınanacak, kendi kendine hayıflanacak duruma düşersin!"*** (İsra/17: 29).

Ölçülülük, sadece bir erdem değil, erdemlerle erdemsizlikler arasındaki sınırı belirleyen ölçüttür de aynı zamanda. Bu özelliğiyle o, sahibini ahlaki erdemlerin sınırı içinde tutar. Ancak ölçülülük kriterine dikkat ettiğimiz zaman, duygularımız ve davranışlarımızı ahlakilik çerçevesi içinde tutmuş oluruz. Zira Kur'an'a göre, ölçüyü belirleyen ve ölçülülüğü emreden Cenab-ı Hakk'tır: ***"Göğü O yükseltti, denge ve ölçüyü O koydu ki, dengeden sapmayasınız, ölçüyü düzgün tutasınız ve eksik tartmayasınız."*** (Rahman/55: 7-9). Aşırı gitmemek ve ölçülü olmak, Kur'an'ın önemle vurguladığı ahlaki tavsiyelerdendir: ***"... aşırı gitmeyin. Çünkü Allah aşırı gidenleri sevmez."*** (Bakara/2: 190). Peygamberimiz de benzer tavsiyede bulunmuş ve bilhassa dinde aşırılık konusunda şöyle uyarmıştır: *"Ey insanlar! Dinde aşırılıktan sakının. Çünkü sizden öncekileri dinde aşırılık helak etti."* (İbn Mace, Menasik, 63).

Aşırı sıkıntı ve zorluk ya da tam tersine aşırı bolluk ve refah durumlarında ölçülülüğü korumak daha zordur. Zira içinde bulunulan şartların aşırılığı, bu gibi durumlarda, insanların çoğunluğunun içinde bulunduğu genel ve daha ölçülü bir durumla aynı değildir. Örneğin, sıkıntılar üst üste gelmektedir ya da tersine fırsat ve nimetler âdeta akmaktadır. İşte bu gibi durumlarda, sekinet erdemini destekleyecek erdemlerin başında ölçülülük veya itidal erdemi gelir. Ölçülülük erdemi kazanılmışsa, sıkıntı anında da bolluk anında da kişi aşırı strese veya aşırı şımarıklığa kapılmadan kendisine yakışan duruşunu korumayı bilir.

Ölçülülüğün zıddı aşırılıktır, haddi aşmadır, ifrat veya tefrittir. Aşırılık, ilk etapta bir şeyin haddinden fazla olması veya haddinden fazla yapılması halidir. Ama bir şeyin olması gerekenden çok az durumda olması veya yapılması da ahlak eserlerinde aşırılığın bir başka şekli sayılır. Orta halde olmanın her iki uç noktası da, aşırılık kabul edilir ve yerilir. Örneğin, israf aşırılığın bir ucu, cimrilik de onun bir başka ucudur. Yahut bir kimseye taparcasına bağlılık sevgide aşırılığın bir ucu, ondan nefret etmek ve kin beslemek bir başka ucudur. Doğru olan bu aşırı uçlardan uzak durup ölçülülüğü ve orta yolda bulunmayı kendisi için karakter haline getirmektir.

12.2. DENGELİLİK

Ölçülülükle birlikte anılabilen erdemlerden biri dengeliliktir. Dengelilik, ölçülülüğün bir türü ve türevidir. Dengelilik, şu ayette iyi kulların özelliği olarak gösterilir: ***"Yine o iyi kullar, harcama yaptıkları zaman ne saçıp savururlar ne de cimrilik ederler; harcamaları bu ikisi arasında makul bir dengeye göre olur."*** (Furkan/25: 67). Çoğu zaman İslam dininin bir denge ve fıtrat dini olduğu söylenir. Burada kastedilen İslam dininin, her konuda insanın temel özellikleri ve ihtiyaçlarıyla çelişmeyen, onları gözeten esaslar koymuş olmasıdır. Mesela, ahirette ebedî kurtuluşa ermeyi öne çıkararak dünyayı ihmal etmeyi değil, dünya hayatını ahireti kazandıracak şekilde ölçülü değerlendirmeyi öngörür. Bu yüzden İslam ahlakı, doğal olarak İslam dininin ölçülülük ve dengelilik özelliğini müminin kişiliğinde ve davranışlarında yansıtmasını amaçlar.

Öncelikle ruhun, akıl, gönül, nefs gibi iç yetileri ve bunların düşünce, duygu ve arzu gibi işlevleri arasında denge kurulmuş olmalıdır. Örneğin, insan nefsinin ve neslinin devamı için verilmiş nefsani arzular, iç dengeyi bozacak şekilde güçlenip kontrolü ele geçirmemelidir. Bu anlamda dengeyi bozanlar Kur'an'da şiddetle eleştirilmektedir: ***"Bayağı arzularını tanrılaştıran kişiyi gördün mü? Şimdi sen, bu adamı da doğru yola getirmekle yükümlü olabilir misin?"*** (Furkan/25: 43). Peygamberimiz de bu konuda şöyle buyurmuştur: *"Akıllı kişi, nefsini küçük gören ve ölümden sonrası için çalışandır. Aciz kişi ise nefsinin arzularına uyan ve (bu haline bakmadan) Allah'tan isteyen kimsedir."* (Tirmizi, Sıfatü'l-kıyame, 25).

İnsanın arzularının tatmini, aklın, gönlün ve vicdanın onayladığı dengelilik içinde olmalıdır. Denge gözetmesi gereken sadece nefs değildir. Benzer şekilde, örneğin gönül, aşırı bir romantizm havasına kendini kaptırarak aklın uyarılarına kulak tıkamamalıdır. Keza akıl, gönlün ve vicdanın yüce değerlere sadakatini dikkate almayan bir şüphecilik ve rasyonalizm aşırılığına takılıp, ruhsal ve manevi dengeyi bozmamalıdır. Abdullah Draz'ın tespitlerine göre, Kur'an-ı Kerim, takip ettiği dengeli üslupla, bazılarının birbirine zıt görüp, birinin rağmına ötekini tercih ettiği birçok noktada, her ikisini de dengeli bir biçimde tercih etme yolunu izlemiştir. Böylece o, hem mücerred hem müşahhas, hem katı hem esnek kurallar ortaya koymakla daima orta yolu takip ederek, "çift yönlü bir mükemmelliğe erişmiş bulunmaktadır: Sertlikte yumuşaklık, istikrarda ilerleme, birlikte nüans. Bu şekilde Kur'an, insan ruhuna eşit ölçüde antinomik olan çift yönlü bir mutluluğu teminat altına almayı sağlamıştır: Hürriyet içerisinde itaat, mücadele içerisinde kolaylık, devamlılıkta girişkenlik" (Draz, 2002: 21-22). Draz'ın başka bir ifadesine göre de, Kur'an'ın ahlaki doktrini, "sentezlerin bir sentezi" olarak nitelendirilebilir. O, sözde karşıt kutupların arasını "uzlaştırıcı ruhun her adımına içtenlikle nüfuz etmektedir: O, hem serbest ve disiplinli, hem akılcı ve mistik, hem yumuşak ve sert, hem gerçekçi ve idealist, hem muhafazakâr ve ilericidir." (2002: 453).

Draz'ın saydıklarının yanında ahlaki konularda gözetilmesi gereken dengelerden biri de, birey ve toplum dengesidir. Bazı kişi ve toplumlarda ötekinin rağmına birey, bazılarında ise toplum ön plana çıkarılırken İslam ahlakı bu konuda da dengeyi salık vermekte; hem bireyin haklarını korumakta hem de gerektiğinde toplum menfaat ve maslahatını öne çıkararak bireyden fedakârlık beklemektedir. Bununla birlikte bunlardan bir tarafın aşırı öne geçirilerek öteki tarafın mağduriyete uğramaması için makul bir dengeliliği her zaman esas almaktadır. Ahlaki olgunluk basamaklarında ilerlemek ve yükselmek isteyen kişiler, ölçülülükle beraber dengelilik konusunda da hassasiyet göstermeli, dengesizliğin getireceği yıkımla karşılaşmamalıdır.

"Ey insanlar! Yeryüzündeki şeylerin helal ve temiz olanlarından yiyin ..."

(BAKARA/2: 168, 172)

13. TEMİZLİK VE DÜZENLİLİK

13.1. TEMİZLİK

Erdemlerin en başında kalp temizliğinden bahsedilmişti. Orada üzerinde durulan, manevi ve mecazi anlamda içimizin temizliği idi. Burada söz konusu edilen temizlik ise bedenimiz, evimiz, iş yerimiz, sokağımız gibi dışımızda bulunan yerlerin temizliğidir. Bu anlamda temizlik de Allah'ın emri ve öğüdü, Peygamberimizin sünneti ve tavsiyesidir; dolayısıyla Müslüman hayat tarzı ve ahlakının önemli erdemlerindendir. Zira bir ayette belirtildiği üzere, ***"...Orada temizlenmeyi seven adamlar vardır. Allah da tertemiz olanları sever."*** (Tevbe/9: 108).

Dış temizlik, beden temizliği, yiyecek içecek temizliği, elbise temizliği, mekân ve çevre temizliği gibi kısımlardan oluşmaktadır. Beden temizliği, abdest ve gusül gibi emirlerle teyit edilmektedir. Bu konudaki ayetin sonunda ***"... Allah size herhangi bir güçlük çıkarmak istemez, fakat O sizi tertemiz kılmak ve üzerinizdeki nimetini tamamlamak ister ki şükredesiniz."*** (Maide/5: 6) denilmektedir. Yiyecek içecekle ilgili birden çok ayette ***"Ey insanlar! Yeryüzündeki şeylerin helal ve temiz olanlarından yiyin ..."*** (Bakara/2: 168, 172) buyrulmaktadır. Elbise temizliğiyle ilgili de ***"Elbiseni temiz tut!"*** (Müddessir/74: 4) emri mevcuttur. Ev, mabet, okul, işyeri gibi mekân temizliğine de şu ayet örnek gösterilebilir: "İbrahim'i Beytullah'ın bulunduğu yere yerleştirdiğimizde de şöyle demiştik: ***"Bana hiçbir şeyi ortak koşma; tavaf edenler, kıyamda duranlar, rükua ve secdeye varanlar için evimi temiz tut."*** (Hac/22: 26).

Temizlik İslam ve Müslüman için çeşitli özelliklerden bir özellik değildir; aksine onun için âdeta ayırt edici temel farklardandır. Çünkü İslam medeniyetine bazen su medeniyeti de denmektedir. İslam kültürü ve medeniyetinde yaşamın her alanının su ile ve temizlikle bazen zorunlu bazen gönüllü bir bağı vardır. Müslümanlar gün içinde sık sık abdest alarak su ile çok yakın ilişki içinde oldukları gibi camilerinin, medreselerinin, saraylarının, konaklarının bahçelerinde sanatsal ve mimari bir unsur olarak çoğu yerde mutlaka havuzlar ve fıskiyeler kullanmışlar, eski çağlarda bile sokaklarına çok güzel çeşmeler yapmışlardır. İslam medeniyetinin hakim olduğu bölgelerde eski zamanlardan beri her şehirde çok sayıda var olan ve her külliyenin ayrılmaz bir parçası sayılan hamam kültürünün yaygınlığı da Müslümanların temizliğe verdiği önemin anıtsal göstergeleridir.

13.2. DÜZENLİLİK

Düzenlilik yahut Kınalızade Ali Efendi gibi Osmanlı ahlakçılarının tabiriyle intizam, insanın gerekli işler ve faydalı davranışlarda münasip bir tedbir ve uygun bir tertip üzere bulunmasıdır. Başka bir tanımla, "İntizam, işleri lâyıkı üzere takdir ve tasvip, maslahata göre tertip ve icradır." (t.y.: 108). Düzenlilik, insanın hem içindeki zihin ve kalp dünyasında hem de dışındaki tavır ve eylemlerinde, yaptığı ve ürettiği işlerde, yaşadığı mekan ve çevresinde, kargaşa ve kaos içerisinde değil birbiri ile uyum ve ahenk içinde olmasıdır.

Düzeni korumak için düzenden hoşlanan bir ruha sahip olmak ve sağlam bir iradenin yardımıyla disiplinli bir hayat yaşamaya çalışmak gerekir. Hatta düzen, daha ziyade etraftaki eşyanın tertip ve uyumunu çağrıştırırken, kişilerin ve kurumların günlük hayat tarzının düzenli olması, disiplinli bir yaşam sürmekle de ifadelendirilmektedir. Örneğin bir okulun veya herhangi bir kurumun kendinde yaşattığı düzeni koruma kuvvetine disiplin denir. "Disiplinsiz ne bir okul, ne bir ordu, ne de herhangi bir kurum yaşayamaz. Düzen bozulunca işler aksar. Bu halin ilerlemesi ise mutlaka yıkımdır. Disiplin bir kurumu yaşatan ruhsal bir güçtür. Ona saygı duyulmalıdır." (Topçu, 2012: 44).

Düzen ve disiplin elbette katı ve aşırı kuralcı bir yaşam sürmek anlamına gelmemekte; sadece bir insanın kişisel hayatında perişanlık ve pejmürdeliğin, mekanında ve iş yaşamında kaos ve keşmekeşin zıddı olarak daha tertipli bir hayat ve daha estetik bir ortamı tercih edip gerçekleştirmek anlamına gelmektedir. Müslümanların düzen ve disiplin sevgisi, belki en güzel şekilde ibadetlerinde ve ibadethanelerinde görülür. Camilerde her şeyin yerli yerindeliği ve cemaatle namaza kalkıldığında saf düzenine Peygamberimizin zamanından beri onun sünneti olarak bütün imamların gösterdiği titizlik, düzen sevgisinin bir göstergesidir.

Kınalızade'ye göre insan, ev işlerinde, çoluk çocuğunun rahatını sağlamakta, toplumla olan ilişkilerinde, şahsi hallerinde, kılık kıyafetinde ve benzeri konularda intizamlı olmalıdır. Bu sahalarda intizamlı olmayan kişilerden faydalı işler beklemek, çorak tarladan verim ummaya benzer ki, bu boş bir hayaldir. Kişinin, ev halkına karşı davranışları yönünden örnek olması, topluma faydalı olması, çevresindekilere güvenilir kişi intibaını bırakabilmesi için muntazam bir yaşayışının olması gerekir (t.y.: 108).

Ben ezelden beridir hür yaşadım, hür yaşarım.
Hangi çılgın, bana zincir vuracakmış? Şaşarım!
Kükremiş sel gibiyim: bendimi çiğner, aşarım;
Yırtarım dağları, enginlere sığmam taşarım.

MEHMET AKİF ERSOY, (1981: 525)

14. ÖZGÜRLÜK VE HOŞGÖRÜ

14.1. ÖZGÜRLÜK

Özgürlük veya hürriyet, sadece modern zamanlarda sık duyulan Batı kaynaklı bir değer değildir; aksine bütün klasik ahlak ve tasavvuf kaynaklarında kendisinden övgüyle bahsedilen geleneksel İslami bir değerdir. Bu değere tam anlamıyla sahip olmak da üstün bir erdemdir. Esas itibarıyla kişinin nefsani ve dünyevi arzuları karşısında esir değil efendi olması anlamında ileri düzey bir erdem olmakla birlikte, çok daha genel anlamıyla insanın her türlü iç ve dış baskı unsurları karşısında kendi bağımsızlığını ve değerlerini ısrarla koruyabilmesi ve sürdürebilmesi anlamına gelir. Örneğin, İsfahani'ye göre bir kişinin gerçekten hür sayılabilmesi anlamında hürriyet yahut hür olma vasfı, "dünyevi hırs ve arzuların köleleştiremediği kimseler için kullanılır." Bununla birlikte bu kavram aynı zamanda, daha genel anlamıyla, "Büyük küçük farkı olmaksızın bütün güzellikler için kullanılır." (2010: 119-120; krş. Tusi, 2007: 95; Kınalızade, t.y.:, 108).

Son dönemin büyük İslam ahlakçılarından Ahmet Hamdi Akseki'ye göre ise, "Nazar-ı İslam'da hürriyet, kendisi veya hey'et-i ictimaiyye [toplum] için nafi [faydalı] olup hiçbir kimseye zararı olmayan işlerde herkesin bila mani [herhangi bir engelle karşılaşmaksızın] kendi ihtiyarı ile hareketidir" (2016: 347). Bu şekildeki daha genel anlamıyla ve ahlaki bir erdem olarak hürriyet, kişinin kendi iradesini, hem içindeki nefsani arzuların baskısından hem de dış çevresindeki herhangi bir baskı kurucu gücün etkisinden bağımsız hissetmesi, onlardan bağımsız olarak kararlar alıp bunları serbestçe uygulamaya geçirebilmesidir.

Hürriyet sahibi olma ve çeşitli konularda özgürce hareket edebilme, temel insan haklarının başında gelen evrensel haklardandır. Bu yüzden çoğu yerde "insan hak ve hürriyetleri" denilerek bu ikisi arasında yakınlık ve ilişki vurgulanmış olur. Hürriyet veya özgürlük erdemi, kişinin doğuştan sahip olduğu veya sonradan kazandığı özgürlük imkânının farkında olması, bu hak ve imkânın onu hayvanlardan ve hatta meleklerden ayıran çok özel ve çok önemli bir ayrıcalık olduğunun bilincinde olması ve dolayısıyla bu ayrıcalıklı özelliğini sonuna kadar koruması ve kullanmasıdır.

Özgürlük, bir anlamıyla özü gürlüktür; özü, ruhu, karakteri, gür ve güçlü olmaktır. Özü gür yahut kısaca özgür insan, köle ruhlu insandan farklıdır ve gerek kendi haklarını gerekse başka insanların haklarını savunmada çok daha kararlı ve ısrarcıdır. Özgür ruhlu insanı kandırmak ve yalan yanlış amaçlar uğruna peşinden sürüklemek kolay değildir. Özgürlük bir haktır ve bu hakkın korunması, insanın değerlerini koruması açısından son derece önemlidir. Yine Akseki'nin dediği gibi, "her ferdin hakk-ı hürriyetini muhafaza ederek ona kimseyi tecavüz ettirmemesi lazımdır. Hürriyeti tecavüze maruz bulunan bir insanın hakk-ı hayat ve istiklali, şeref ve namusu da tehdit ediliyor demektir. Hayat ve istiklalinin, şeref ve haysiyetinin kıymetini bilen bir adam hürriyetine asla tecavüz ettirmez." (Akseki, 2016: 347).

Özgür ruhluluk, köle ruhluluğun tersidir. Dünyanın birçok yerinde hukuki anlamda kölelik kalkmış ise de kimi insanların başkalarını köle gibi kullanması, kimi insanların da kendi özgürlüğünün kıymetini bilmeden öğretilmiş çaresizlik içinde köle ruhlu bir halet-i ruhiye ile kendisini başka insanların kontrolüne bırakması, zamanımızda köleliğin sadece biraz kılık ve boyut değiştirdiği, özgürlügünse hala vurgulanması gereken çok önemli bir değer olduğu anlamına gelmektedir. İnsanlar hala, özgürlüğünün kıymetini bilme ve ona sonuna kadar sahip çıkma konusunda uyarılmaya muhtaçtırlar. Kitleleri özgür görünümlü kölelere dönüştürme merakı ve hırsına her kesimden insan arasında rastlanabilmektedir. Kur'an açısından bakıldığında bunlar arasına din adamları bile dahildir.

Nitekim Kur'an, Yahudiler ve Hıristiyanları, din adamlarını efendi edinmenin de ötesinde rab edinmekle, kendilerini de köleliğin de ötesinde kula kulluk eden zavallılara dönüştürmekle, böylece aynı zamanda gizli bir şirke düşmekle eleştirir: ***"Allah'ı bırakıp da din alimlerini, rahiplerini, özellikle Meryem oğlu Mesih'i rab edindiler. Oysa tek bir Tanrı'ya kulluk etmekle emrolunmuşlardı..."*** (Tevbe/9: 31). Cenab-ı Hakk, Müslümanları bu duruma düşmemek konusunda açıkça uyarmıştır: ***"De ki: 'Ey Ehl-i Kitap! Sizinle bizim aramızda müşterek olan bir söze gelin: Yalnız Allah'a tapalım, O'na hiçbir şeyi ortak koşmayalım ve Allah'ı bırakıp da içimizden bazıları diğer bazılarını rab edinmesin.' Eğer yine yüz çevirirlerse, 'Şahit olun ki biz Müslümanlarız' deyin."*** (Al-i İmran/3: 64).

Pek çok açıdan faydalı olan hürriyet, elbette mutlak ve sınırsız bir keyfilik değildir. Hürriyet, bazı kayıtlarla kayıtlıdır. Ancak bu kayıtların varlığı hürriyeti sınırlamak için değil sağlamlaştırmak içindir. Hürriyetin sınırları, makul nedenlere dayanır. "İnsan, hakkı olmayan şeylerde tasarrufta hür olmadığı gibi, edeb, akıl, maslahat hilafında olan hareketler de hürriyet değil, sefihliktir." (Akseki, 2016: 347).

Özgürlük de diğer pek çok erdem gibi ifratı ve tefriti yerilen, itidal ve orta hali övülen ve erdem sayılan bir davranıştır. Özgürlüğü sınırsız sanmak ve sınırsızca uygulamaya kalkışmak, özgürlüğün ifrat halidir ve erdemlilikle ilişkisi yoktur. Özgürlüğünü hiç kullanmayıp iradesini başkalarına teslim ederek onların kulu, kölesi veya kuklası gibi hareket etmekse özgürlüğün tefrit halidir ve o da bir başka rezilettir. Erdem olan, kuralsızlık ile kuklalık arasında orta bir hal olup olgun insana yakışan özgür ruhluluk ve özgür davranışlılıktır.

14.2. HOŞGÖRÜ

İnsanlar, kendilerini gerçekten özgür hissettiklerinde meşru sınırlar içinde içlerinden geldiği gibi davranabileceklerdir; her biri içinden geldiği gibi davrandığında ise ister istemez aralarında az çok farklılıklar oluşacaktır. Bu farklılıklar ise ya ben merkezli yargılamalara konu edilecek ve hemen hor görülüp kınanacak ya da nispeten doğal görülecek ve hoşgörü ile karşılanacaktır. Aşırı derecede ben merkezli veya biz merkezli düşünerek kendi değer yargılarına göre başkalarını hemen yargılama ve azarlama yoluna gitmeyip özgürlüğün doğal sonucu olan ve kimseye ciddi bir zarar vermeyen farklılıkları empati ve anlayışla karşılayanlar hoşgörü sahibi insanlardır. Hoşgörü (müsamaha), kendisininkinden farklı olan ve pek de onaylamayabileceği inanç, düşünce ve davranışlar karşısında, onların sahiplerini hor görmek ve hemen tepki göstermek yerine, kendisi ile bu kişiler arasındaki farklılıkların, farklı aile ve kültürel çevre içinde yetişmiş olmak ve özgürce tercihte bulunmak gibi çeşitli sebeplerden dolayı doğal ve normal olduğunu düşünerek, karşısındaki kişileri belli bir anlayışla ve olgunlukla karşılayıp aceleci ve ham bir tepki ve taassuptan kaçınmaktır.

Hoşgörü, bazen de, sadece farklılıkları değil, kendimize karşı yapılan bir nezaketsizliği veya kabalığı, hemen karşı koymak ve cezalandırmak yerine, biraz olgunca bir tavırla görmezden gelmek, anlayışla karşılayıp aldırmamak ve mümkünse affetmektir. Karşımızdaki kişilerle biraz empati kurabilmek, onlar gibi bir çevrede yetişmiş olabileceğimizi düşünmek, çevrenin ve kaderin etkisi üzerine biraz kafa yormak, kötü niyetli bir kasıtları olmayabilecekleri ihtimalini hatırlamak, başkalarını ve davranışlarını hemen hor görmekten, onları küçümseyip kınamaktan ve ani tepki göstermekten insanı büyük ölçüde korur ve daha hoşgörülü yapar.

Hoşgörü, zaten hoş görülebilecek sınırlar içinde değerlendirilebilecek konular söz konusu olduğunda geçerlidir. Bunlar da, bu farklılıklar veya saygısızlıkların aşırı büyük olmadığı, hukuk sınırlarını zorlayıp suç alanına girmediği, haksızlık ve zulüm içermediği, bir toplumda herkesin benimsediği genel ahlak kurallarına açıkça ters düşmediği hususlar dâhilinde olur. Yoksa hoşgörü, yalancılığa, haksızlığa, hırsızlığa, şiddete, tacize ve benzeri aşikâr kötülüklere sessiz kalmak, onları görmezden gelmek, onların yapılmasını ve yaygınlaşmasını nemelazımcılıkla karşılamak demek değildir. Birçok erdemde olduğu gibi hoşgörüde de, dengeyi yakalamak ve orada kalmak, aşırılığın ifrat veya tefrit boyutuna geçmemek esastır. Aşırı hoşgörüsüzlüğün doğurduğu taassup, bağnazlık ve baskı yanlış olduğu gibi, aşırı hoşgörünün getirebileceği hiçbir şeyi umursamazlık, hiçbir haksızlığa aldırmazlık, ahlaki dejenerasyona karşı adamsendecilik gibi tutumlar da erdemli davranışlar değildir. Ancak bunlar, aslında hoşgörü de değildir; onun sınırlarının dışındaki olumsuzluklardır. Aşırı hoşgörünün olası zararlarından dolayı hoşgörüyü eleştirmek ve ondan kaçınmak doğru olmasa gerektir.

Farklılıklara saygı göstermek, anlayışlı ve affedici olmak, ufak tefek kusurları görmezden gelmek ve kırıcı davranışlar sergilememek gibi anlamlarıyla hoşgörü, Kur'an'da farklı kelimelerle zikredilen, Hz. Peygamberin hayatında da pek çok örneği bulunan bir erdemdir. Bu ayetlerden biri şöyledir: ***"Ey iman edenler! Eşlerinizden ve çocuklarınızdan da size düşman olanlar vardır, onlardan sakının. Ama affeder, hoşgörülü ve bağışlayıcı davranırsanız, şüphesiz Allah da çok bağışlayıcı ve engin merhamet sahibidir."*** (Teğabun/64: 14). Bu ayette görüldüğü gibi, hoşgörü, umursamazlık ve nemelazımcılıkla değil, affedicilik, bağışlayıcılık ve merhametlilik gibi erdemlerle alakalıdır. Bu gibi hususlar, Hz. Ebu Bekir'in kendisine bir sebepten dolayı kırıldığı için yardımını kestiği halasının oğluna hoşgörülü davranması ile ilişkili olan şu ayette de görülmektedir: ***"İçinizden yardımsever ve zengin olanlar, akrabaya, yoksullara ve Allah yolunda hicret edenlere artık bir şey vermeyeceğiz diye yemin etmesinler. Bağışlasınlar, hoş görsünler; Allah'ın sizi bağışlamasını arzu etmez misiniz? Allah çok bağışlayıcıdır, çok esirgeyicidir."*** (Nur/24: 22).

Peygamberimizin, kendisine kötü davranan Taif'lilere beddua değil dua etmesi veya Mekke'nin fethinden sonra kendisine bunca eziyet eden Mekke'lileri bağışlaması, onun hayatındaki hoşgörü örneklerinden sadece birkaçıdır. Pekçok hoşgörü örneğinde olduğu gibi, fetih sonrası bağışlamada söz konusu olan, Mekke'lilerin kendisine yaptıklarını onaylamak anlamında elbette olamaz; buradaki hoşgörü, kötülüğe kötülükle değil iyilikle karşılık verebilme yüceliğine sahip olma olgunluğunun gereğini sergilemektir. Hoşgörü, bazen zannedildiği kadar sıradan ve kolay bir erdem değildir; kendine karşı yapılan bir hatayı affedebilmek ve üstelik de bunu o kişinin başına kakmadan yapabilmek gibi zor ve üstün nitelikli insanlara özgü yüksek bir erdemdir.

Peygamberimizin ashabı da birbirlerine karşı her zaman hoşgörülü davranmış, farklı uygulamalar sergilemişler ama hiçbir taraf diğerini hor görüp kınamamıştır. Örneğin, Ramazan ayında sefere çıktıklarında bazıları orucunu tutmuş bazıları da verilen ruhsattan yararlanarak tutmamıştır. Ama tutanlar da tutmayanlar da birbirini hoşgörüyle karşılamış ve öbürlerini kendisi gibi davranmaya zorlamamışlardır (bkz. Buhari, Savm, 37). Hoşgörünün zıddı taassuptur ve taassup genellikle hoşgörüyle karşılanmayan bir durumdur. Kimi kişiye göre o bir tür hamlıktır ve hatta zulümdür. Örneğin Nurettin Topçu'ya göre, "Hoşgörüye sahip olmayışın doğurduğu hamlığa taassup adı verilir. Taassup, düşüncenin her alanında hakikatle hürriyetin düşmanıdır, fikirler dünyasında yapılan zulümdür." (Topçu, 2012: 43).

Emr-i bi'l-ma'rûf imiş ihvân-ı İslam'ın işi;
Nehy edermiş, bir fenâlık görse, kardeş kardeşi.
Kimse haksızlıktan etmezmiş tegâfülihtiyâr;
Ferde râci' sadmeden efrâd olurmuş lerzedâr.

(MEHMET AKİF ERSOY, (1981: 221)

15. SORUMLULUK VE YÜKÜMLÜLÜK

15.1. SORUMLULUK

Sorumluluk duygusu veya mesuliyet hissi, kişinin sadece kendisinin dünyevi ve uhrevi iyilik ve mutluluğu ile yetinmemesi, kendisi dışındaki öteki insanların ve hatta canlı-cansız bütün çevresinin sorunlarının çözümü ve daha iyi yaşam koşullarına erişmesi meselesi ile de kendi imkânları ölçüsünde ilgilenmesi ve bu yönde çaba sarf etmesi anlamına gelir. İnsanların sadece hakları değil çeşitli görev ve sorumlulukları da vardır. İnsanın kendi bedeni ve ruhuna karşı sorumlulukları olduğu gibi, bakmakla yükümlü olduğu ailesi, içinde yaşadığı toplumu ve bazen mesleği gereği yetkili kılındığı çalışanlarına karşı çok çeşitli sorumlulukları vardır. Bu sorumlulukların bir kısmı ahlakın alanına girmekte ve ahlak, bilhassa zayıf ve muhtaç insanlar başta olmak üzere öteki insanlara karşı maddi ve manevi yardımda bulunmak gibi sorumluluklarımız olduğunu ve bunları yerine getirmek zorunda olduğumuzu bize hatırlatmaktadır.

Dinimizin en önemli değerlerinden biri olan "*emr-i bi'l-maruf ve nehy-i ani'l-münker*" (iyiliği emretmek, kötülükten men etmek) kavramı, ahlaki sorumluluğun en güzel formülüdür. Bu konudaki pekçok ayetten birinde şöyle buyrulur: ***"Onlar, Allah'a ve ahiret gününe inanırlar. İyiliği emrederler. Kötülükten men ederler. Hayır***

işlerinde birbirleriyle yarışırlar. İşte onlar salihlerdendir" (Al-i İmran/3: 114). Sorumluluklarının bilincinde olan insan, nemelazımcılık, ilgisizlik ve tembellik içinde olamaz; aksine çevresinde ve genel olarak tüm dünyada her şeyin daha iyi olabilmesine daha fazla katkıda bulunabilmek için çalışıp çabalayan, cehd ve gayret sarf eden, azimli ve çalışkan bir kimse olur. Nitekim bir ayeti kerimede, sorumluluk bilinci içinde çalışmanın önemi bağlamında, ***"İnsan için ancak çalıştığı vardır."*** (Necm/53: 39) buyrulmaktadır.

Ahlaki sorumluluk, kendi içinde çeşitlidir ve dalga dalga genişleyen bir yapı arz eder. Bunlardan biri, kişinin kendinden sorumluluğudur. Her bir kişi, kendi yapıp ettiklerinden sorumlu olduğu gibi, inançlarından, bilgilerinden, düşünce ve niyetlerinden dahi sorumludur. Bu konudaki ayetlerden birinde şöyle buyrulur: ***"Hakkında kesin bilgi sahibi olmadığın şeyin peşine düşme. Çünkü kulak, göz ve kalp, bunların hepsi ondan sorumludur."*** (İsra/17: 36). Kişinin kendine karşı sorumluluğu, hem bedenine hem ruhuna, hem maddi hem manevi, hem bu dünya ile hem de öte dünyadaki durumuyla ilgilidir. Dolayısıyla bedenini sağlıklı ve temiz tutmak için helalinden, dengeli ve düzenli beslenmek, sağlık için öngörüldüğü şekilde hareketli bir yaşam tarzı sürdürmek ya da kendine uygun sportif aktivitelerde bulunmak gerekir. Ruhunu ve maneviyatını sağlıklı tutmak ve sorumluluklarını yerine getirmek için görevlerini ihmal etmemek, bedenini düzenli olarak temiz gıdalarla beslediği gibi ruhunu da düzenli olarak ilim ve irfanla beslemek gereklidir.

Kişinin kendisinden sonra biraz daha genişleyen sorumluluk alanı ailesidir. Ailevi sorumluluk konusundaki ayetlerden birinde Cenab-ı Hak müminlere şöyle seslenir: ***"Ey iman edenler! Kendinizi ve ailenizi, yakıtı insanlar ve taşlar olan ateşten koruyun…."*** (Tahrim/66: 6). Peygamberimiz de bu konuda, *"Hepiniz sorumlusunuz ve hepiniz yönettiklerinizden mesulsünüz… Evin beyi sorumludur ve yönettiklerinden mesuldür. Evin hanımı sorumludur ve yönettiklerinden sorumludur"* (Buhari, İstikraz, 20) buyurmuştur. Aile sorumluluklarının bir kısmı eşe ve çocuklara karşı, bir kısmı anne baba ve akrabalara karşıdır. İyi bir Müslüman bunların hepsine karşı da sorumluluklarını hakkıyla eda eden Müslümandır. Peygamberimize gelerek iyi muamele görmeyi en çok kimin hak ettiğini soran birine Allah Resulü, üç defa "annen" demiş, ardından *"Sonra baban, sonra da (sırasıyla) sana en yakın olanlardır."* (Müslim, Birr, 2) diye cevap vermiştir.

Bir sonraki sorumluluk alanı da, günümüzde "sosyal sorumluluk" diye tabir edilen ve sıklıkla vurgulanan, içinde yaşadığımız topluma karşı olan sorumluluklarımızdır. Sosyal sorumluluklar, en yakınımızdaki komşular ve iş arkadaşlarıyla başlar, dalga dalga genişleyerek içinde yaşadığımız ülkenin insanlarına karşı yurttaşlık sorumlulukları ile devam eder. Daha da genişlediğinde, hangi ülkede yaşarsa yaşasın din kardeşlerimize karşı sorumluluklarımız kendini gösterir. Müminlerin birbirlerine karşı en temel sorumlulukları arasında, birbirlerinin iyi ve kötü durumlarından haberdar olmaları, kötülük ve sıkıntı içinde olanları bu durumdan kurtarmaya çalışmaları, iyilik ve güzellikleri de kendi aralarında yaymaya gayret etmeleridir. Nitekim bir ayette şöyle buyrulmaktadır: ***"İçinizden hayra çağıran, iyiliği emredip kötülüğü men eden bir topluluk bulunsun. İşte onlar kurtuluşa erenlerdir."*** (Al-i İmran, 3: 104).

Daha da geniş sorumluluk alanı ise tüm insanlardır. Müslümanlar, tüm insanlara ahlaki bakımdan örnek olmakla, doğru öğütler vermekle, tevhidi ve adaleti yaymakla, yeryüzünü imar etmekle ve benzerleri ile sorumludurlar. Zira onlara Kur'an'da şöyle hitap edilir: ***"Siz, insanlar için çıkarılmış en hayırlı ümmetsiniz. İyiliği emreder, kötülükten men eder ve Allah'a iman edersiniz..."*** (Al-i İmran/3: 110). Elbette insanın sorumlulukları, tüm insanların sınırıyla da bitmez; evcil hayvanlar başta olmak üzere canlı cansız bütün doğayı kapsar. İyi bir Müslüman, çevre duyarlılığı ve ekolojik bilinci gelişmiş olan ve bunların gerektirdiği sorumluluklarını yerine getirerek yaşayan Müslümandır. Allah'a karşı sorumluluk ise bütün bu sorumlulukları kapsamaktadır ve onların bağlandığı kaynak durumundadır. Peygamberimiz şu tavsiyede bulunmuştur: *"Nerede olursan ol, Allah'a karşı sorumluluğunun bilincinde ol! Kötülüğün peşinden iyi bir şey yap ki onu yok etsin. İnsanlara da güzel ahlaka uygun biçimde davran!"* (Tirmizi, Birr, 55).

Cenab-ı Allah, bütün bu sorumluluklarla bizi yükümlü kılandır. Cenab-ı Hak söz konusu olduğunda, sadece sorumluluklar değil o sorumluluklarla ilgili yükümlülükler ve onların kaynağı da akla gelir. Allah'a karşı hem iman ve ibadet gibi sorumluluklarımız hem de çok daha geniş kapsamlı yükümlülüklerimiz vardır.

15.2. YÜKÜMLÜLÜK (MÜKELLEFİYET)

Sık sık sorumlulukla birlikte anılan kavramlardan ve erdemlerden biri de yükümlülüktür. Yükümlülük, belli bazı özelliklerinden dolayı belli bazı görevlerle sorumlu tutulabilecek kişilere, yetkili merciler tarafından yapılan zorunlu görevlendirmelerdir. Örneğin belli yaşa gelmiş ve belli akli temyiz gücüne erişmiş insanlar için, Allah'a iman, ibadet ve ahlaklı bir hayat sürmek, Allah tarafından o kişilere yüklenmiş bir mükellefiyettir. Böylece insanlar, insan olarak yaratılmaları hasebiyle iman etmek ve amel-i salih yapmakla, adaletli ve hakkaniyetli bir toplumsal düzen içinde yaşama konusunda cehd ve gayret göstermekle, hayvanlara iyi muamele edip dünyayı imar etmekle ve benzeri birçok ilahi kaynaklı görevlerle yükümlüdürler.

Benzer şekilde insanların içinde yaşadıkları toplumun hukuk ve ahlak kuralları tarafından belirlenen kişisel, ailevi ve toplumsal yükümlülükleri vardır. Örneğin, evli çiftlerin birbiriyle yardımlaşıp dayanışması, çocuklarını besleyip büyütmeleri ve eğitmeleri onların yükümlülükleridir. Benzer şekilde borçlu kişi borcundan sorumludur ve borcunu ödemekle yükümlüdür. Bu örneklerden anlaşıldığı üzere yükümlülükler sorumluluklara kıyasla daha dışsal, daha zorunlu, daha kaçınılmaz görevler veya ödevlerdir. Yükümlülüklerinin bilincinde olmak ve onları hakkıyla yerine getirebilme gayreti içinde olmak da ahlaki bir erdemdir. Başka bir deyişle ahlaklı ve erdemli bir insan, sorumlu olduğu bütün yükümlülükleri hakkıyla yerine getiren insandır.

Müslüman için kendisine, ailesine, toplumuna, insanlığa ve Yaratanına karşı sorumluluklarını yerine getirmek Allah'ın emridir, ilahi bir yükümlülüktür. Örneğin, ailevi yükümlülükler konusunda Peygamberimiz, *"Bakmakla yükümlü olduğu kimseleri ihmal etmesi kişiye günah olarak yeter."* (Ebu Davud, Zekat, 45) buyurmuştur. Allah Teâlâ, Müslümanlara çeşitli sorumluluklarını öğrettiği ve emrettiği gibi, bilhassa iyilik ve kötülükle ilgili toplumsal sorumluluklarını yerine getirmeyen ve bu yükümlülüklerinden kaçınan bazı geçmiş kavimleri de kınamaktadır: "İşledikleri herhangi bir kötülükten birbirlerini vazgeçirmeye çalışmazlardı. Yapmakta oldukları ne kötüydü." (Maide/5: 79).

Yükümlülüklerini yerine getirme erdemine sahip biri olmanın sebeplerinden biri, yükümlülüklerini umursamazlığın ve sorumsuzluğun olumsuz neticelerinin sadece o kişinin kendisiyle sınırlı kalmaması, zamanla toplumun tamamını içine alması ve neticede yükümlülüklerinin gereğini yapmayan kişinin kendisini bile etkisi altına almasıdır. Örneğin, bir toplumda gücü yetenler zulme karşı çıkma sorumluluğunu yerine getirmediklerinde ve bu ilahi mükellefiyetten kaçındıklarında, bunun cezasını birçok kişi birden çekecektir ve ahirette de bu yükümlülükten kaçınmanın yaptırımı ile karşılaşacaktır: ***"Sadece içinizden zulmedenlere erişmekle kalmayacak olan bir fitneden/ musibetten sakının ..."*** (Enfal/8: 25).

Sorumlulukları ve yükümlülükleri yerine getirme, elbette kişinin gücü ve imkânları ile sınırlıdır ve hiç kimse gücünün yetmeyeceği şeylerden sorumlu değildir ve yükümlü tutulmaz. Dolayısıyla hiç kimse, gücünün yetmeyeceği şeylerle kendisini sorumlu hissedip aşırı üzüntü ve sıkıntı içine girerek ruh sağlığını bozmamalıdır. Zira ayetlerde belirtildiği üzere, ***"... Hiçbir kimseye gücünün üstünde bir yük ve sorumluluk teklif edilmez..."*** (Bakara/2: 36). Sorumluluk ve yükümlülük, bir kimsenin gücü ve imkânları ile sınırlıdır. Ayet-i kerimede belirtildiği üzere, ***"Allah, bir kimseyi ancak gücünün yettiği şeyle yükümlü kılar..."*** (Bakara/3: 286; krş. Teğabun/64: 16).

Kur'an tarafından tesis edilen şekliyle yükümlülükler ve görevler, "insana imkân ölçüsünde kendini empoze etmektedir, fakat bu anlamda onun ne bizim subjektif durumlarımıza ne de şahsi menfaatlarımıza uydurulmaması gerekir" (Draz, 2002: 53). Çünkü Kur'an'da belirtildiğine göre, yükümlülüklerimiz zaten taşıyamayacağımız kadar ağır değildir: **"*... Sizi O seçti ve size din konusunda hiçbir güçlük yüklemedi...*"** (Hac/22: 78). Dolayısıyla gücümüz nispetiyle sınırlı olmak istisnasını istismar etmeksizin bireysel ve toplumsal sorumluluklarımızı ve yükümlülüklerimizi yerine getirmek, "sosyal sorumluluk" bilincine sahip ve özellikle "iyiliği emretmek ve kötülüğü nehyetmek" ilkesine inanan ve uyan bir Müslüman olmanın kaçınılmaz gereğidir.

Şana kutluluk gerekse, devlet istiyorsan,
gönüller almaya, ululuğu bırakmaya bak.
Gönüllerin yardımı seninle atbaşı beraber giderse,
kalbinden hikmet kaynakları akar.

MEVLANA, (*DİVAN*, 609).

16. ALÇAK GÖNÜLLÜLÜK VE AĞIRBAŞLILIK

16.1. ALÇAK GÖNÜLLÜLÜK

Alçak gönüllülük, insanın kendisine ve başkalarına bakışıyla ilgili bir erdemdir. Kişinin, kendisini olduğundan büyük (kibir), başkalarını da olduklarından küçük görmesi (küçümseme), hakikate ve dolayısıyla erdemliliğe terstir. Bunun yerine kişinin kendisini ve başkalarını elinden geldiğince olduğu gibi görmesi ve değerlendirmesi hakkaniyete uygun ve erdemlicedir; fakat normalden daha yüksek bir erdemlilik düzeyine sahip olan insanlara yakışan, kibir ve küçümseme ihtimallerinden uzaklaştığından iyice emin olabilmek ve karşısındakine daha fazla güven duygusu ve insanca iletişim imkânı verebilmek için kendisini ve öteki insanları çeşitli açılardan değerlendirmeyi bir kenara bırakıp kendilerinden açıkça üstün olduğu insanlara bile eşitlikçi muamele etmek, üstünlükçü bir tavır içinde olmamaktır.

Alçak gönüllü tabirinde esas olan, deyim yerindeyse, tabii ki alçak kelimesi değil gönül kelimesidir. Alçak gönüllü insan, kendisine ve bilhassa öteki insanlara sosyo-ekonomik statüsü, makam ve mevkisi, gücü ve iktidarı, parası pulu, maddi ve dünyevi imkânlarının ölçüsü gözüyle değil, gönül gözüyle bakar. Gönül ise baktığına, manevi değerler ve erdemler açısından bakar. Gönül gözüyle bakan insan, kendini bilince Rabbini, Rabbini bilince kendini, bu ikisini bilince de haddini bilir. Haddini bilen insan da kibirlenecek bir durumu olmadığını, başkasını da küçümsemeye hakkı olmadığını, kâmil/olgun insana en yakışanın alçak gönüllülük veya tevazu olduğunu, kendini ötekilerle eşit ve hatta -nefsinin kimsenin bilmediği zayıf veya kötü taraflarını hatırına getirdiğinde- belki onlardan daha aşağıda görmek gerektiğini bilir.

Bu bakış tarzı, elbette kişinin kendini küçük görmesi, başkaları karşısında aşağılık kompleksi içine girmesi ile uzaktan yakından alakalı bir durum değildir. Alçak gönüllülük, psikolojik bir zaaf veya kişilik bozukluğu değil, ahlaki olgunluk basamaklarında en üst düzeylere yükselmişliğin, karakter eğitiminde mezuniyet düzeyine yaklaşmışlığın göstergesidir. Alçak gönüllü insanlar bilir ki, gerçek üstünlük maddi malda-mülkte, dünyevi makamda-mevkide değil takva gibi manevi makamlarda (Hucurat/49: 13), insan-ı kâmil olmanın yüksek aşamalarındadır. Bu makamlara ulaşmış olup olmadığını bilmek de herhangi bir kimsenin bu dünyada sahip olabileceği bir bilgi değildir; bunu ancak Allah bilir ve neticede kimin bu makamlara eriştiği ancak hesap günü ortaya çıkacaktır. Dolayısıyla üstünlüğün takva yolunda olduğunu bilip bu yolda epeyce mesafe katetmiş olduğunu düşünenler de, gerçekten müttaki kişilerse, bu dünyada herhangi bir üstünlük taslama konumunda olmadıklarını düşünür ve kemal sahibi herkes gibi alçak gönüllülüğü belki herkesten fazla kendilerine şiar edinirler.

Her erdemli ve olgun Müslüman, alçak gönüllülük erdemine özsaygısını ve vakarını koruyarak sahip olmalı; bu erdemin karşıtı olan kibirden, gururdan, büyüklenmeden, böbürlenmeden, başkalarına tepeden bakmadan, onları hor ve hakir görmeden, onları küçümseyip alay etmeden ve benzeri kendini bilmezliklerden sakınmalıdır; çünkü ***"… Şüphesiz Allah, kibirlenen ve övünen kimseleri sevmez."*** (Nisa/4: 36; Hadid/57: 23). Hatta ***"O, büyüklük taslayanları hiç sevmez."*** (Nahl/16: 23). Peygamberimiz de şöyle buyurmuştur: *"Allah bana, mütevazı olup birbirinize karşı övünmemenizi ve birbirinize karşı haddi aşan davranışlarda bulunmamanızı vahyetti."* (Müslim, Cennet, 64).

Alçak gönüllülükte ölçünün kaçırılmaması için genellikle o, vakar veya ağırbaşlılıkla birlikte anlatılır. Bu ikisinin birbirini dengeleyeceği ve tamamlayacağı varsayılır. Mütevazı kişi, kibirlenmez ama haysiyet ve vakar sahibi olmaktan ve vakur davranışlar sergilemekten de geri durmaz. Zira vakarla kibir aynı şey değildir; kibir rezilet/erdemsizlik iken vakar yahut ağırbaşlılık önemli bir fazilettir/erdemdir. Tevazunun zıddı olan kibirdir. Peygamberimizin tanımıyla, "*...Kibir hakikati inkâr etmek ve insanları küçük görmektir...*" (Müslim, İman, 147). Ve Resulullah'ın beyanıyla, "*... Müslüman kardeşini küçük görmesi, kişiye kötülük olarak yeter...*" (Müslim, Birr, 32). Ama ağırbaşlılık, Müslümana yakışan başka bir erdemdir.

16.2. AĞIRBAŞLILIK

Ağırbaşlılık veya vakar, tevazu sahibi biri olmakla birlikte, şeref ve haysiyetinin gerektirdiği haklı özsaygıya sahip olmak ve bu özsaygının gerektirdiği ağırlığı, ağırbaşlı tutum ve davranışları insanlar arası ilişkilerinde, kibre vardırmaksızın sergilemektir. Vakar, tevazu ve kibir arasında ince bir çizgidir. Vakur insan, her şeyden önce özsaygısı güçlü olan, haysiyet ve saygınlığına düşkün olan bir insandır. Saygınlığını zedelememek ve lekelememek için ağırbaşlı davranır; kendisi hafifmeşrep hareketlerde bulunmadığı gibi kendisine öyle davranılmasından da hoşlanmaz. Vakur insanın, bakışı, duruşu, konuşması, gülmesi, giyimi, kuşamı, hep belli bir özen, ciddiyet ve ağırlık taşır.

Vakar sahibi kişi aynı zamanda alçak gönüllüdür; ancak bu alçak gönüllülüğü onu, kendi gözündeki haysiyet ve onurunu görmeme ve kendisini her sıradan insanla bir görme ve onlara benzer davranma noktasına götürmez. Vakar sahibi insan, her ortamda, kendi ağırlığını, ciddiyetini, saygınlığını, onurunu korur. Bunun için de sıradan insanların konuşmaları ve davranışları seviyesizleşmeye başlamışsa, o sohbete katılmaz, o ortamda daha fazla durmaz. Buradan ayrılması o kişileri küçümsemesinden ve kendisini büyük görmesinden, başka bir deyişle kibirden olmayıp yapılan davranışları olgun, ahlaklı ve ağırbaşlı bir insana yakışır bulmamasındandır. Nitekim şu ayette Cenab-ı Hakkın öğütlediği tutum ve davranışlar, kibirle değil vakarla ilgilidir: ***"Olur olmaz yemin eden, aşağılık, daima kusur arayıp iğneleyen, durmadan laf götürüp getiren, iyiliği hep engelleyen, saldırgan, günahkar, huysuz ve sert, bütün bunlardan sonra bir de ne idüğü belirsiz kimselere, serveti ve çocukları var diye sakın boyun eğme."*** (Kalem/68: 10-14).

Vakar sahibi insanların böyle durumlarla karşılaştıklarında nasıl davranmaları gerektiği şu ayette belirtilmektedir: ***"Rahmanın has kulları yeryüzünde vakarla yürüyen, cahiller onlara laf attığı zaman, 'selam' deyip geçen kullardır."*** (Furkan/25: 63). Vakarın bir tür kibir olmadığının ve kibirli kişinin davranışına benzemediğinin göstergelerinden birisi de, o insanların yanından ayrılırken kabalık, küçümseyiş ve kibir içinde değil, hala belli bir tevazu, incelik ve nezaket içinde ayrılmayı yansıtan 'selam' tabirinin kullanılmasının veya bir şekilde selamlaşarak ayrılmanın öngörülmesidir. Böyle hoşlanılmayan durumlarda, kibirli kişi karşısındakileri hiç muhatap almadan, hiç adam yerine koymadan ya da onlara hakaret ederek ayrılırken vakar sahibi kişi, her durumda saygınlığını ve soyluluğunu muhafaza ederek ayrılır. İnce fark, her zaman korunur ve görülür.

İyiliği bildirmekmiş Müslüman kardeşlerin işi;
Engel olmakmış, bir kötülük görse, kardeş kardeşi.
Bilerek haksızlığa göz yummazmış hiç kimse;
Bir kişiye vurulsa, vurulmuş gibi olurmuş herkese.

MEHMET AKİF ERSOY

17. KARDEŞLİK VE DOSTLUK

17.1. KARDEŞLİK

Kardeşlik duygusu, hemen çağrıştırdığı dostluk duygusu ile birlikte insanlar arasında birlik, beraberlik ve kaynaşma sağlanmasının, toplumsal dirlik ve düzenliğin ana unsurudur. İnsanlar, kardeş hissettiklerine karşı sevgi ve saygı besler, onlarla paylaşma ve dayanışma içine girer, onlarla barış ve huzur içinde yaşarlar. Kardeşler arasında kolay kolay çatışma ve huzursuzluk çıkmayacağı gibi, herhangi birinin başına bir sıkıntı geldiğinde o sıkıntının giderilmesi için her türlü yardımlaşmanın ve fedakârlığın yapılması kolay olur. Söylemeye gerek yok ki, İslam ahlakında kardeşlik erdeminden kasıt, elbette kan kardeşliğini de kapsamakla birlikte, esas itibarıyla din kardeşliğidir. Din kardeşliği, milyonlar, hatta milyarlarca insanın, birbirini hiç görmese, hiç tanımasa, dilini ve kültürünü hiç bilmese de kendisi için öz kardeş olarak kabul etmesi, öylesine sevmesi, sayması ve çok uzaklardan da olsa derdini dert edinip üzerine titremesidir.

Her toplumsal düzen, vatandaşları arasında kardeşçe duygular oluşturmayı amaçlar ve bunu bir yere ve bir dereceye kadar başarır. Ama Müslümanlar arasındaki din ve iman kardeşliği, birbirini Allah için sevme temeline dayalıdır ve çok sağlam dinî motivasyonlarla daima güçlü ve canlı tutulmuştur. Müminlerin birbirleriyle kardeş oldukları, Cenab-ı Hakk'ın beyanıdır: ***"Müminler ancak kardeştirler."*** (Hucurat/49: 10). Neredeyse her Müslümanın ezbere bildiği bir hadis-i şerifte, insanı ebedî hayatında kurtaracak olan imanın gücü ve hatta varlığı, o kişideki kardeşlik duygusu ve hukukunun derecesine bağlanmıştır: *"Sizden biri, kendisi için istediğini, kardeşi için de istemedikçe iman etmiş olamaz."* (Buhari, İman, 7). Allah'ın kendisine yardım etmesini isteyecek olan, kardeşine yardımcı olmak zorundadır. Peygamberimiz, kardeşliği imanla irtibatlı gördüğü gibi, Allah'ın yardımını da, şu hadiste, kardeşe yapılacak yardımla ilişkili görmüştür: *"Kul, kardeşinin yardımında olduğu sürece, Allah da onun yardımcısı olur."* (Ebu Davud, Edeb, 60).

Yine okumuş olsun veya olmasın aşağı yukarı her Müslümanın bildiği bir hadiste, Peygamberimiz, ümmetinin tamamını tek bir bedene benzetir. Ona göre, *"Müminler, birbirini sevmede, birbirine merhamet ve şefkat göstermede, tıpkı bir organı rahatsızlandığında diğer organları da uykusuzluk ve yüksek ateşle bu acıyı paylaşan bir bedene benzerler."* (Müslim, Birr, 66). Onun ashabı da bu benzetmenin gereğini hakkıyla ve fazlasıyla yerine getirmiştir. Nitekim muhacirler ve ensar arasında tesis edilen kardeşlik, bu türlü duygudaşlıklar, dayanışmalar ve fedakârlıkların yüzlerce muhteşem örneklerine şahitlik etmiştir. Bu durum, siyer ve tarih kitapları yanında Kur'an'da da övgüyle belirtilmektedir. Bu tür ayetlerden birinde bu kardeşlik şöyle anlatılmaktadır: ***"Onlardan önce bu yurda yerleşmiş ve gönülden inanmış olanlar, kendilerine göç edip gelenleri severler, onlara verilenlerden dolayı içlerinde bir rahatsızlık duymazlar; ihtiyaç içinde olsalar bile onları kendilerine tercih ederler. Kim nefsinin bencilliğinden korunmayı başarırsa işte kurtuluşa erecekler onlardır."*** (Haşr/59: 9).

Öylesine sıkı ve candan kardeşlikler oluşturma ve sürdürmenin yolu yordamı da dinî kaynaklarımızda tüm ayrıntılarına varana dek anlatılmaktadır. Örneğin sadece bir hadiste Peygamberimiz, şu hassas maddeleri sıralayarak kardeşliği koruma konusunda müminleri uyarmaktadır: *"Zandan sakının... Birbirinizin sözlerine kulak kabartmayın. Birbirinizin özel hallerini araştırmayın. Birbirinizle üstünlük yarışı içine girmeyin. Birbirinize haset etmeyin. Birbirinize kin beslemeyin. Birbirinize sırt çevirmeyin. Ey Allah'ın kulları! Kardeş olun!"* (Müslim, Birr, 28). Rasulullah, kardeşliğin tesisi ve devamı için yapılmaması gerekenleri söylediği gibi yapılması gerekenleri de ayrıntılarıyla anlatmıştır. Bunların sadece ikisi şu hadiste tavsiye edilenlerdir: *"Birbirinizle el sıkışın içinizdeki kin gitsin; birbirinize hediyeler verin sevginiz artsın ve düşmanlıklar yok olsun."* (*Muvatta'*, Hüsnü'l-hulk, 4).

İnsanlık hali gereği her şeye rağmen kardeşler arasında sorun çıkabilmektedir. Böyle durumlarda mümkünse taraflar daha kimse duymadan kendi aralarında sorunu çözme yoluna gitmeli, düşmanlık etmek bir yana, birbirine uzun süre küs olarak dahi kalmamalıdırlar. Zira bilindiği üzere, *"Bir Müslümanın kardeşiyle üç günden fazla küs durması helal olmaz."* (Buhari, Edeb, 62). Buna rağmen, sorun bu kısa süre zarfında kendi aralarında çözülememiş ve ileri boyutlara taşınmışsa, Müslümanlara düşen, kardeşleri arasında arabuluculuk yapıp onları barıştırmaktır.

Kardeşlik erdemi, iyi komşuluk erdemini de hatıra getirmektedir. Dinimizdeki tavsiyelerden, komşularımıza da kardeşlerimiz gibi iyi davranmamız gerektiği anlaşılmaktadır. Zira Peygamber Efendimiz bir defasında, *"Cebrail bana komşu hakkından o kadar çok bahsetti ki komşuyu komşuya mirasçı kılacak zannettim."* (Tirmizi, Birr, 28) buyurmuş; bir başka seferinde de komşu hakkı konusunda, *"Allah'a ve ahiret gününe iman eden komşusuna eziyet etmesin."* (Buhari, Rikak, 23) diye sıkı sıkıya tembihte bulunmuştur. O, bu konuda kendi arkadaşlarına pratik tavsiyelerde de bulunmuştur. *"Ebu Zer (r.a.) diyor ki, 'Dostum (Hz. Peygamber) (s.a.s.) bana şunu tavsiye etti: 'Çorba pişirdiğinde suyunu biraz fazla koy, sonra komşularına bak, uygun bir şekilde çorbandan onlara da ikram et."* (Müslim, Birr, 143). Peygamberimizin, her Müslümanın bildiği şu sözü ise İslam kültürünü şekillendiren yapı taşlarının başında gelmektedir: *"Yanı başındaki komşusu açken tok yatan kimse iman etmemiştir."* (İbn Ebu Şeybe, *Musannef*, İman ve rü'ya, 6).

17.2. DOSTLUK

Kardeşliğe benzer erdemlerden biri dostluktur. Dostluk, manevi kardeşliğe benzer ve arkadaşlığın gelişmiş halidir. Dostlar, kardeşler gibi birbirlerini kalpten severler, birbirlerine güvenirler, birbirleriyle dayanışırlar, birbirlerini desteklerler, birbirleri için her türlü fedakârlığı göze alırlar. Dostlar birbirlerine sırtlarını dönebilirler ve asla birbirine ihanet etmezler. Dostlar birbirlerine değerli eşyalarını emanet edebilirler ve bunlara hiçbir şekilde zarar gelmeyeceğinden emindirler. Dostlar, birbirine karşı vefakârdırlar; aralarına uzak mesafeler de girse, uzun süre birbiri ile görüşemeseler de dostlukları olduğu gibi devam eder. Dostlar, birbirlerinin sevinçli gününde sevincini paylaşır ve artırırlar; kederli ve üzüntülü gününde de üzüntüsüne ortak olur, gönülden teselli eder ve üzüntüsünü giderecek yollar ararlar. Dostlar birbirinin sırdaşı ve gönüldaşıdırlar; kimse ile paylaşamadığı dertleri ve sırlarını birbiri ile paylaşır, rahatlar ve çözüm ararlar. Samimi dostluklar, iki kişi arasında başlasa da, onların aileleri ve çocuklarına da yansır; hatta onlar öldükten sonra bile devam eder. Bu yüzden dostluk, kişisel ahlakın önemli bir erdemi olduğu gibi toplumsal ahlak açısından da her zaman önemsenmiştir.

Gerçek ve güçlü dostlukların var olabilmesi, kişiler arasında çoğu zaman ortak bir inanç bağı ve yaşam tarzı benzerliği olmasını gerektirmektedir. Bundan dolayı, Kur'an'a göre, gerçek dostluk ancak inanç birliği olan kişiler arasında olur. Bu durumda da, müminlerin gerçek dostları ancak müminler arasından olmak durumundadır. Bununla birlikte, müminler arasındaki dostlukta, ırkın, dilin, kültürün, sosyo-ekonomik statünün, makam ve mevkinin veya cinsiyetin farklı olmasının bir önemi yoktur. Bunlar farklı da olsa, iman ve amaç birliği gibi ortak hususlar, güçlü bir dostluğun temini için temel bileşenleri sağlamaktadır. Bir ayette belirtildiği üzere, ***"Erkek***

ve kadın müminlere gelince, onlar birbirlerinin dostudurlar; iyiliği emreder, kötülükten sakındırırlar; namazı kılar, zekatı verirler; Allah'a ve peygamberine itaat ederler. İşte bunlar, Allah'ın rahmetiyle kuşatacağı kimselerdir." (Tevbe/9: 71).

Dostluk önemli olduğu gibi insanın kiminle dost olup kiminle olamayacağını bilmesi de önemlidir. Samimiyet, sevgi, saygı, sadakat, güvenilirlik, fedakârlık gibi gerçek dostlar arasında bulunması gereken özelliklerine güvenilemeyecek kişilerden dost olmaz. Böyle kişileri dost sanmak yanıltıcıdır ve sonucunda acı tecrübelerle karşılaşılabilir. Nitekim Müslümanlar, Yahudileri, Hıristiyanları ve kâfirleri, Allah'a ve Rasulüne düşman olanları dost edinmemeleri, onlara bir dosta güvenir gibi güvenmemeleri konusunda Kur'an'da uyarılırlar (bkz. Maide/5: 51-53, 57, 81; Mücadele/58: 22). Çünkü dostluk, "dostlardan birini üzen şeyin diğerini de üzmesi, birini sevindiren şeyin diğerini de sevindirmesidir. Bundan aşağı düzeydeki ilişki dostluk sayılmaz" (İbn Hazm, 2012: 119).

Gerçek dostta bulunması gereken yahut dost olmadan önce aranması gereken vasıflar, ahlak alimleri tarafından tespit edilmiştir. Onların bu yöndeki tavsiyelerine göre dost olunacak kişide şu özellikler bulunmalıdır: 1) Akıllı, zeki ve feraset sahibi olmalıdır. 2) İyi huylu ve iyi ahlaklı olmalıdır. 3) İmanlı ve dindar olmalıdır. 4) Kötü niyetli, bozuk ahlaklı, zevk ve sefahate düşkün biri olmamalıdır. 5) Doğru sözlü ve güvenilir olmalı; kıskanç, haset, hırslı ve açgözlü olmamalıdır. 6) Mert ve dürüst, namuslu ve faziletli olmalıdır (Erdem, 2003: 177).

Dostlukla bağlantılı erdemlerden biri de, konukseverlik veya misafirperverliktir. Modern hayat şartları ile modern dünya görüşünün bazı olumsuz özelliklerinin bir araya gelmesi bu geleneksel erdemi epey zayıflatmış ve uygulamasını zorlaştırmış ise de, misafirperverlik hala geçerli ve değerli bir erdemdir. Zira hadis-i şeriflerde Peygamberimiz, *"Misafir ağırlamayan kimse de hayır yoktur."* (İbn Hanbel,

IV, 157) demektedir. Bir başka hadiste de o, misafirliği hem teşvik etmekte hem de yolunu yordamını göstermektedir: *"Kim Allah'a ve ahiret gününe inanıyorsa misafirini iyi ağırlasın. Bunun uygun süresi bir gün ve bir gecedir. Misafirlik (hakkı) üç gündür, bundan sonra (misafire ikram) sadakadır. Misafirin de ev sahibini sıkıntıya sokacak kadar onun yanında kalması helal olmaz."* (Buhari, Edeb, 85).

En büyük düşmanıdır ruh-i Nebi tefrikanın;
Adı batsın onu İslam'a sokan kaltabanın!
Şu senin âkıbetin bin bu kadar yıl evvel,
Sana söylenmiş iken doğru mudur şimdi cedel?

MEHMET AKİF ERSOY

18. BARIŞSEVERLİK VE GÜVENİLİRLİK

18.1. BARIŞSEVERLİK

İnsanların içsel doğasında yerleşik bulunan fücur ve takva (Şems/91: 8) yetileri arasındaki mücadelede fücur/kötülük tarafı ağır bastığında içsel çatışmalar ve kötülükler baş gösterdiği gibi, kötülük yanı ağır basan insanların toplum içindeki sayıları arttığında da toplumsal çatışmalar ve ülkeler arası savaşlar ortaya çıkmaktadır. Başka bir deyişle değerler ve erdemler gücünü kaybettiğinde insanlar arasındaki barış ve huzur dönemi sona erip çatışma ve savaşlar başlamakta, barış mumla aranır hale gelmektedir. Oysa orman kanununun geçerli olduğu vahşi hayvanlar arasında kavga ve şiddet, içgüdüleriyle sınırlılıkları nedeniyle onlar arasında doğal iken, hayvanlardan farklı olarak akılla, ilimle, imanla, irfanla, vicdanla ve benzeri üstün yetiler ve değerlerle mücehhez olan ve eşref-i mahlukat sayılan insanlar arasındaki çatışma ve savaşlar o kadar doğal ve normal değildir. "En güzel biçimde" yaratılan (Tin/95: 4) ve kendisine "şan, şeref ve nimetler" verilen (İsra/17: 70) insandan beklenen ve ona yakışan asıl özellik, birbirine karşı düşmanlıklar ve savaş değil birbiriyle kardeşlik, dostluk ve barıştır.

Barışseverlik, barıştan yana olmak, barış haline kavuşmaya ve onu sürdürmeye çalışmak, Allah'ın insanlara çağrılarından ve kelime kökü barış anlamına da gelen İslam'ın ahlaki değerlerindendir. Eski alimler buna "müsalemet" der ve şöyle tanımlarlardı. Müsalemet, "nefsin, görüş ve iş anlaşmazlığında uyuşma yönünü seçip herkesle sulh ve salâh üzere olması demektir." Kişi bunun sayesinde emniyet ve huzur içinde olur; mesut bir hayat yaşar. Toplum da bundan çok fayda görür. "Bir milletin fertleri arasında müsalemet fikri gelişmişse, aralarında sevgi ve kardeşlik bağları da kuvvetlenir. Bunun aksi olan milletlerin fertleri arasında düşmanlık çoğalır. Sevgi bağları çözülür. Dış düşmanların hücumundan en çok zarar gören milletler de aralarında sevgi bağları kopmuş fertlerden meydana gelmiş olan ülkelerdir. Dahili dostlukları kuvvetli olan fertler, yurtlarını dış düşmanların fesat ve düşmanlığından kolayca koruma yollarında birleşebilirler." (Kınalızade, t.y.: 104-105).

Bir ayet-i kerimede "Allah kullarını barış yurduna" çağırır (Yunus/10: 25). Bir başka ayet-i kerimede, Müslümanlara ***"Ey iman edenler! Hep birden barışa girin. Sakın şeytanın peşinden gitmeyin; çünkü o, apaçık düşmanınızdır."*** (Bakara/2: 208) diye barışa yönelik emirler ve uyarılarda bulunulur. Dolayısıyla Müslüman, gerek kendi içinde ve ruh dünyasında, gerek ailesi ve sosyal çevresinde, gerekse tüm varlık âleminde barışsever bir ruh haline sahip olmak ve barış hali bozulduğunda onu tekrar tesis etmek için elinden geleni yapmaya çalışmak zorundadır. Barışseverlik, aslında sadece Müslümanın değil her insanın temel ahlaki değerlerinden biri olsa gerektir. Zira bir ayette belirtildiği üzere, ***"... zalimlerden başkasına düşmanlık gerekmez."*** (Bakara/2: 193).

Müslümanlar kendi aralarında barıştan uzaklaştıklarında ve birbirleriyle savaşa tutuştuklarında, gerçek ve iyi bir Müslümana düşen görev, çatışma ve savaş halini kızıştırmak değil, aksine bir an önce kardeşler arasındaki bu istenmeyen durumun ortadan kalkması için gayret etmektir. Kur'an-ı Kerim'de verilen emir şudur: ***"Müminler ancak kardeştirler, öyleyse iki kardeşinizin arasını düzeltin, Allah'a itaatsizlikten sakının ki rahmetine mazhar olasınız."*** (Hucurat/49: 10). Kardeşler arasını düzeltme konusunda müminlerin başvuracağı ve titizlikle uygulayacağı yol da adaletli olma yoludur. Bu yolu gösteren ayette adalet anlamına gelen kelimeler tam üç defa geçmektedir: *"Eğer inananlardan iki grup birbiriyle vuruşurlarsa, aralarını düzeltin. Şayet biri ötekine saldırırsa, Allah'ın buyruğuna dönünceye kadar saldıran tarafla savaşın. Eğer vazgeçerlerse, aralarını adaletle düzeltin ve adil davranın. Şüphesiz ki Allah, adil davrananları sever."* (Hucurat/49: 9).

Barışseverlik olmadan barış olmaz, barış olmadan toplumsal huzur, refah ve güven olmaz. Bireyler, gruplar veya milletler arasında güven olacaksa, barışın bir değer, barışseverliğin de bir erdem olarak yüreklerde yerleşmesine çalışmak gerekir. Ancak barış sağlandığında toplum güvenilir insanlardan oluşan bir güven toplumuna dönüşür. Müslüman barıştan yanadır, güvenilir bir insandır; gerektiğinde zaferin kazanılması, barışın sağlanması ve sürdürülmesi için de Allah'a güvenir: *"Eğer barışa yanaşırlarsa sen de yanaş ve Allah'a güven; O her şeyi işitendir ve bilendir."* (Enfal/8: 61).

18.2. GÜVENİLİRLİK

Güvenilirlik, bir insanın dar anlamıyla sözüne güvenilirlik, daha geniş anlamıyla ise öteki insanlar üzerinde kendisinden onlara hiçbir zarar gelmeyeceği intibaını, can, mal, namus gibi değerlerini kendisine emanet edebilecekleri ve bundan herhangi bir zarar görmeyecekleri izlenimini çevresindekilere verebilmiş olmasıdır. Güvenilir insan vasfını kazanabilmek için, doğruluk, dürüstlük, hakkaniyet, adalet, iffet, merhamet gibi pek çok erdeme sahip olmak gerekir. Güvenilirlik, belli bazı erdemlerde iyi olmak ve öyle tanınmakla elde edilebilecek bir vasıf değil, mertlik ve mürüvvet gibi bütün erdemlerde ve ahlak kurallarında iyi olmak sayesinde kazanılabilecek bütünsel ve nihai bir ahlaklılık halidir.

Güvenilirliğin özel türlerinden biri olan sözüne güvenilirlik, söz verdiğinde sözünde durmak, bir anlaşma yaptığında anlaşmanın kurallarına bağlı kalmaktır. Ahde vefa da denilen bu husus bir ayette şöyle emredilir: *"Verdiğiniz sözü yerine getirin. Çünkü söz (veren sözünden) sorumludur."* (İsra/17: 34). Verilen sözlere bağlı kalmak, güvenilirliğin gereği olduğu gibi, anlaşmalar ve yeminlere bağlı kalmak da aynı şekilde güvenilirliğin ve ahde vefanın ön şartlarındandır. Bu hususlar da, Kur'an ahlakının emirleri arasındadır. Nitekim Kur'an'da şöyle buyrulmaktadır: ***"Antlaşma yaptığınız zaman Allah'a verdiğiniz sözü yerine getirin; Allah'ı kendinize kefil tutarak kesinliğe kavuşturduktan sonra yeminlerinizi bozmayın. Unutmayın ki yaptıklarınızı Allah bilmektedir."*** (Nahl/16: 91). Ahde vefa güvenilirlik sağlayacağı gibi Allah'ın sevdiği kullar arasına girmeye de neden olan bir erdemdir: ***"Hayır, öyle değil! Her kim ahdine vefa gösterir ve günah işlemekten sakınırsa, bilsin ki Allah o sakınanları sever."*** (Al-i İmran/3: 76).

Sözüne güvenilirliğin yanında özüne güvenilirlik ise; dilinden, elinden, kısaca her şeyinden emin olmak, hiçbir yönden kötülük beklenmeyen özü-sözü doğru bir kimse olmaktır. Özü sözü bir olmak birçok peygamberin Kur'an'da anılan temel özelliklerindendir. Örneğin, Hz. İbrahim için şöyle dinilir: ***"Bu kitapta İbrahim'i de okuyup an! Kuşkusuz o, özü sözü doğru bir insan, bir peygamberdi."*** (Meryem/19: 41, 54, 56). Hz. Peygamber, Müslümanı, özü sözü doğru olup, kendisine güvenilen, kendisinden her halükârda emin olunan kimse olarak tanımlamıştır: *"Müslüman, öteki Müslümanların, dilinden ve elinden emin oldukları kimsedir."* (Tirmizi, İman, 13).

Güvenilirlik elbette sadece bireysel bir erdem ve yetkinlik değildir. Bireyler birbirine güvendiği gibi, aile içinde eşler ve çocuklar birbirine güvenmeli, işçi ve işveren birbirine güvenmeli, yöneten ve yönetilen birbirinden emin olmalı, bir ülkenin bütün vatandaşları temel haklarının korunacağından, yargının bağımsızlığından ve hukukun üstünlüğünden emniyet ve güven içinde olmalıdır. Şehirlerin, toplumların ve ülkelerin güvenlik içinde olması da, Kur'an-ı Kerim'de ideal bir şehrin üç temel özelliğinin içinde birinci sırada sayılmaktadır: ***"Allah şöyle bir şehri örnek veriyor: Bu şehir güvenlikli ve huzurluydu; her yerden oraya bol rızık geliyordu..."*** (Nahl/16: 112). Bu ayetten öyle anlaşılıyor ki, bir toplumu huzurlu ve müreffeh kılan değerlerden biri güvendir; güvenlikli bir toplum oluşturmanın yolu da güvenilirlik erdemine sahip bireylerin o toplumdaki sayısının olabildiğince fazla ve etkin olmasıdır.

Girmeden tefrika bir millete, düşman giremez;
Toplu vurdukça yürekler, onu top sindiremez.

MEHMET AKİF ERSOY, (1981: 179)

19. BİRLİK-BERABERLİK VE ARABULUCULUK

19.1. BİRLİK-BERABERLİK

Birlik-beraberlik, bireylerin veya grupların, tek başına sorumsuzca ve ötekilerin ne derdiyle ne de sevinciyle ilgilenmeksizin değil, aksine gerek aile içinde, gerek okuduğu veya çalıştığı kurumlarda ve özellikle de aynı ülkeyi paylaştığı yurttaşları ile duygu ve düşünce birliği içinde olmasıdır. Birlik-beraberlik duygusuna sahip olanlar, geçmişe ve geleceğe ortak değerler etrafında bakabilir ve bu ortak değerler ve amaçlar uğruna hep birlikte hareket edebilirler. Birlik-beraberlik duygusu, sadece ülke sınırları içinde de kalmaz; din kardeşleri olarak Müslümanlar dünyanın neresinde olurlarsa olsunlar birbirinin derdiyle dertlenir ve sevinciyle sevinirler.

Bu erdeme sahip olanlar bir konuda toplucа hareket etmek veya kendilerini savunmak gerektiğinde, ayrı ayrı küçük gruplar halinde değil, topluca ve büyük bir kitle olarak hareket ederler. Zaten insanların tamamının aslı ve özü birlik-beraberlik halidir. Ayrılık-gayrılık sonradan çıkmıştır. Bu husus şu ayette açıkça belirtilmektedir: ***"İnsanlar bir tek ümmet idi. Sonra Allah müjdeciler ve uyarıcılar olarak peygamberleri gönderdi; onlar aracılığı ile anlaşmazlığa düştükleri konularda insanlar arasında hüküm vermek için gerçeği içeren kitabı indirdi...."*** (Bakara/2: 213).

Birlik-beraberlik, Kur'an'ın Müslümanlara emridir. Cenab-ı Hakk, şu ayette hem birliği emredip tefrikaya düşmeyi yasaklamakta hem de bunun örneğini hatırlatmaktadır: ***"Hep birlikte Allah'ın ipine sımsıkı yapışın; bölünüp parçalanmayın. Allah'ın size olan nimetini hatırlayın. Hani siz birbirinize düşman idiniz de Allah gönüllerinizi birleştirdi ve O'nun nimeti sayesinde kardeş oldunuz..."*** (Al-i İmran/3: 103). Müminlerin birlik beraberliği her zaman birbirlerine büyük faydalar getiren bir özelliktedir. Peygamberimizin buyurduğu üzere, *"Mümin güzel koku satan kimseye benzer. Onunla beraber oturursan sana faydası olur, beraber yürürsen sana faydası olur, beraber iş yaparsan yine sana faydası olur."* (Taberani, *el-Mucemü'l-kebir*, XII, 319).

Birlik ve beraberliğini kaybetmek, ihtilafa düşüp ayrılmak, her zaman var olan gücün azalması, düşmanların iştahının kabarması, zafer kazanma şansının âdeta ortadan kalkması anlamına gelir. Bu durum bir ayette şöyle belirtilir: ***"Allah ve resulüne itaat edin, birbirinize düşmeyin, sonra zayıflarsınız ve zaferi elden kaçırırsınız. Sabredin, kuşkusuz Allah sabredenleri sever."*** (Enfal/8: 46). Milli şairimiz Mehmet Akif Ersoy da bir şiirinde ayrılığa düşmenin tehlikelerine şöyle işaret etmektedir:

> *Sen! Ben! Desin efrât, aradan vahdeti kaldır;*
> *Milletler için işte kıyâmet o zamandır.*
> (1981: 461)

19.2. ARABULUCULUK

Birlik-beraberlik tehlikeye girdiğinde veya bozulduğunda yapılması gereken bellidir. Buna imkânı olanlar, birlik ve beraberliğin bozulmaması veya yeniden tesis edilmesi için arabuluculuk yapmalı, iki tarafı uzlaştırmaya çalışmalıdır. Arabulucuk; Allah'ın ve Rasulünün, birbiriyle kavgalı olan müminleri barıştırmak konusunda etrafındaki âkil ve ahlaklı kişilere emredip öğütledikleri önemli bir görev, sorumluluk ve erdemdir. Eşler, dostlar, kardeşler, kavimler, kısaca kişiler veya kitleler arasında bir anlaşmazlık veya husumet çıktığında onları barıştırmak için uğraşmak, birinin yanında taraf olmaktan çok daha öncelikli bir görevdir. Bu konuda belki en iyi bilinen ayet, ***"Müminler ancak kardeştirler, öyleyse iki kardeşinizin arasını düzetin…"*** (Hucurat/49: 10; krş. Enfal/8: 1) ayetidir (ayrıca bkz. Nisa/4: 114).

Hz. Peygamber de birçok hadisinde arabuluculuğu övmüş ve ısrarla öğütlemiştir. Örneğin, bir ara *"Size, oruç, namaz ve sadakadan daha faziletli olan şeyi bildireyim mi?"* diye sormuş. Sahabe, "Elbette, ey Allah'ın Resulü!" deyince, bunun üzerine şöyle buyurmuştur: *"İki kişinin arasını düzeltmektir."* (Ebu Davud, Edeb, 50).

Bir yerde birlik-beraberlik kurulduktan, dirlik-düzenlik sağlandıktan sonra onu bozmaya çalışmak, fitne ve fesat çıkarmak Allah'ın yasakladığı fiillerdendir. Cenab-ı Hakk bu konuda şöyle buyurur: ***"Islah edilmesinden sonra yeryüzünde bozgunculuk yapmayın. Allah'a korkuyla ve ümitle dua edin. Muhakkak ki iyilik edenlere Allah'ın rahmeti çok yakındır."*** (A'raf/7: 56).

Aslında uzlaştırıcılıktan daha önce sahip olunması gereken özelliklerden biri uzlaşıcılık ya da günümüzde uzlaşı kültürü denen tutumdur. Uzlaşıya açık olan insanlar, bir anlaşmazlık ortaya çıktığında öncelikle kendileri bunun çözüm yolunu arayıp bulmaya çalışırlar. Hatta çözüm olarak düşündükleri yollar işe yaramazsa hemen vazgeçmez, ikinci, üçüncü uzlaşı yollarını önerir ve denerler. Onlar, uzlaşıdan ve barıştan yana olmayı ve bunun için çaba sarf etmeyi, korkaklık, ürkeklik, eziklik olarak görmezler. Aksine, anlaşmazlıkları kavga ile çözmenin daha ziyade hayvanlar arasında görüldüğünü, insanlara ve hele hele Müslümanlara yakışanın ise konuşarak, anlaşarak ve uzlaşarak sorunları çözmek olduğunu bilirler. Eğitim- öğretim görmüş, İslam ahlakından nasip almış medenî insanlara yakışan; gerek bireysel gerekse kitlesel ve toplumsal meselelerin çözümünü kavgada, çatışmada ve şiddette değil ahlaki ve hukuki kurallar dâhilinde uzlaşmada görmektir.

Bilindiği üzere İslam kelimesi; barış, güvenlik, esenlik gibi anlamlara gelen selam kökünden türemiş bir kelimedir. Müslümanlar selamlaşırken de bu kelimeyi kullanarak birbirleri için barış ve esenlik dilerler; böylece her biri kendisinden zarar gelmeyeceğini karşısındakine bildirmiş olur. İslam dünyası ve Müslüman toplumu ise herkesin güven içinde kendini ifade edebileceği ve gerçekleştirebileceği barış, güvenlik, esenlik ve uzlaşı ortamı anlamına gelmektedir. "Dolayısıyla İslam dini, çatışma ve gerilim kültürünün yerine barış/uzlaşma kültürünü yerleştirerek özgürlük ve güven ortamını her yerde oluşturmayı amaçlamaktadır. ***'Barış/uzlaşma/sulh en iyidir.'*** (4/Nisa: 28) ayeti, İslam'ın bu anlayışının veciz ifadesidir." (Aydın, 2015: 145-146).

Yumuşak başlı isem, kim demiş uysal koyunum?
Kesilir belki, fakat çekmeye gelmez boynum,

MEHMET AKİF ERSOY

20. YUMUŞAK HUYLULUK VE AFFEDİCİLİK

20.1. YUMUŞAK HUYLULUK

Yumuşak huyluluk yahut hilm/hilim denilen erdem, İslam ahlakında yine çok önemsenen erdemlerden biridir. Yumuşak huylu olup halim denilen kişiler, iyi huylu, temiz kalpli, sevecen, merhametli, dost canlısı, güler yüzlü, tatlı dilli insanlardır. Her daim asık suratlı, her an patlamaya hazır, kızmak için bahane arayan, sözleri ve davranışları kaba ve sert, sık öfkelenen ve öfkelendiğinde öfkesini kontrol edemeyen, şiddete eğilimli tipler yumuşak huyluluk erdemine uzak insanlardır. Etrafındaki insanları kendisinden soğutan ve uzaklaştıran, yaklaşanların da ya zararından emin olmak için ya da bir menfaat sağlamak için yaklaştıkları bu tip kaba ve sert insanlardan değil de, yumuşak huylu ve yanına kolayca yaklaşılabilir ve ülfet edilebilir insanlardan olmak iyi ahlaklı insanların özelliklerindendir. Bu itibarla, "halimlik ve yumuşak huy, ahlakın en şereflisi ve akıl sahiplerine en yaraşır şiardır. Çünkü onda namus ve haysiyetin selameti, bedenin rahatı ve övgüye liyakati vardır." (Maverdi, 1982: 405).

Hilim veya yumuşak huyluluk, başka anlamlarının yanında, özellikle öfkenin heyecanı anında kendini tutmak, nefsi zaptetmek anlamına gelmektedir. Günümüzde 'öfke kontrolü' de denilen bu özellik, insanın ailesi ve çevresiyle iyi geçinmesi açısından çok önemlidir.

Öfkesini kontrol edip, öfke anında kendine hâkim olabilmek birtakım nedenlere bağlıdır. Bunları bilip kendinde gerçekleştirmeye çalışmak, öfke kontrolü anlamında halimlik için oldukça yararlıdır. İmam Maverdi, öfkesine hâkim olup yumuşak huylu karakterini bozmadan sürdürmek için on geçerli sebep saymaktadır: 1) Cahillere acımak ve merhamet etmek. 2) Ne zaman olsa kızdığı kimsenin hakkından gelebileceğine dair özgüven sahibi olmak. 3) Şerefli ve âlicenap bir zat olduğunu düşünerek öfkeyle sövüp saymayı onur ve haysiyetine uygun görmeyip vakarlı davranmayı tercih etmek. 4) Kötülük eden kimseyi hakir görerek onunla uğraşmaya tenezzül etmemek. Bu bir tür gurur sayılabilse de, halimliğe sebep olan güzel bir gurur olarak kabul edilmektedir. 5) Kötülük edeni misliyle cezalandırmaktan utanmak. 6) Hezeyancılara karşı fazilet göstermek. 7) Hezeyana başlayıp daha fazla söylemeye istekli olan kişinin ağzını tutup ihtiyatlı olmak düşüncesiyle ona karşılık vermekten çekinmek. 8) Hezeyancıya cevap verilse, düşünülen bir cezadan endişe ederek ihtiyata uygun davranmak. 9) Hezeyancının geçmişte yapmış olabileceği iyiliklerin hatırına bir nevi vefakârlık göstererek karşılık vermekten geri durmak. 10) Hezeyancıya karşı anında ve açıktan karşı çıkmak yerine uygun zamanda ortaya çıkacak zekice bir fırsatı beklemek. Bu sebeplerden bazısı, diğerlerinden daha üstündür ve ahlaklı insan için en uygun olan, en güzel sebebe dayanmasıdır. Yine de bunların hepsi de kişiyi yumuşak huyluluk erdemi çerçevesinde tutan ve onu ifrat ve tefrite düşmekten koruyan sebeplerdir (Maverdi, 1982: 406-412).

Öfkenin çoğalıp arttığı ve hücuma geçtiği zamanda onu teskin edip yatıştırmaya yönelik çeşitli tavsiyeler vardır. Bunlara uymaya çalışmak, öfkenin kontrolünü, hatta yatışmasını sağlar. Bunlar, şu tarzda tutum ve davranışlardır: 1) Öfke hücum ettiği zaman Allah'ı zikretmek. 2) İçinde bulunulan hali değiştirmek; örneğin, oturuyorsa ayağa kalkmak, ayaktaysa oturmak. 3) Öfkenin doğuracağı pişmanlığı ve intikam yüzünden kınanmayı hatırlamak. 4) Affediciliğin sevabını ve bağışlamanın güzelliğini düşünmek (Maverdi, 1982: 416-420).

20.2. AFFEDİCİLİK

Sıkıntılar karşısında sabretmek önemli bir erdem olduğu gibi elden geldiğince sıkıntılara neden olanları affetmek ve bağışlamak da yüksek ahlak sahibi insanların erdemlerindendir. Affetmek, bize karşı bir kabalık yapan, kusur işleyen veya daha büyük oranda bir suç işleyen kişiye aynı derecede bir kabalıkla karşılık vermek, benzer bir yanlış davranışla mukabelede bulunmak, suçunun cezasını misliyle ödetmek yerine ondan daha yüksek bir kişilik ve karakter sahibi biri olduğumuzun gereği olarak misliyle mukabele hakkımızdan vazgeçmektir. Başka bir ifadeyle affetmek, birtakım kabahatler veya suçlardan dolayı içimizde bunu yapan kişiye karşı kin, nefret, öfke ve intikam hırsı gibi duygular beslemeyip bu hatasından dolayı onu uygun bir dille belki uyarmakla birlikte kalbimizde kalıcı kırgınlık ve kızgınlık gibi aşağı ve yıkıcı duygular beslememektir.

Affetmek, üst düzey bir erdemdir. Örneğin, çok öncelikli ve önemli bir erdem olan adaletten daha üstün bir erdem olduğu şu ayetten anlaşılır: ***"Bir kötülüğün karşılığı ona denk bir davranıştır; ama kim bağışlar, düzeltme yolunu tutarsa onun mükâfatını Allah verir. Hiç şüphe yok ki O, haksızlık edenleri sevmez."*** (Şura/42: 40). Bu ayette, bir kötülüğün karşılığı ona denk bir kötülük denirken, adaletli bir cezalandırmanın, mağduriyete uğrayanın hakkı olduğu bildirilmektedir. Ama bunun yerine bundan daha üstün olanınsa, yapabilecek olgun kişiler için bundan vazgeçip affetmek olduğu bildirilmektedir. Demek ki, en azından bireysel konularda affetmek, adaletten daha üstün bir erdemdir.

Böylesine yüksek bir erdem olan affedicilik, yüksek şahsiyet ve karakterleriyle insanlığın ahlak kahramanları olan peygamberlerde sık sık ve en güzel örnekliğiyle görülmektedir. Peygamberimizin hayatı affetme örnekleriyle dolu olduğu gibi, belki en büyük affetme örneklerinden biri olan Mekke'nin fethinden sonra Mekke'lilere kendilerini affettiğini bildirirken Hz. Yusuf'un kardeşlerini affettiğini belirten ayeti okuması, affediciliğin nebevi ahlakın geleneksel bir özelliği olduğunu da göstermektedir. Peygamberimizin o kısa konuşmasında okuduğu ayete göre, ***"Yusuf şöyle dedi: 'Bugün yaptıklarınız yüzünüze vurulmayacak, Allah sizi affetsin! O, merhametlilerin en merhametlisidir."*** (Yusuf/12: 92).

Affedebilmek, öncelikle öfkesini yenebilmekle, en azından onu kontrol edebilmekle alakalıdır. Kabahat veya suç işlendiğinde öncelikle öfkesini kontrol etmek, öfke ve kızgınlıkla benzer bir yanlış hareket yapmamak, bir süre yatıştıktan sonra da kişilik haklarına veya kamu hakkına zarar verecek önemli bir durum yoksa, affetme yolunu seçerek kalbini kin ve intikam gibi duygularla kirletmemek ve bu tür duyguların neden olabileceği kontrolsüz eylemlerin doğurabileceği ardı arkası kesilmez düşmanca davranışlarla sıkıntıya düşmemek için affetmek en doğru yoldur. Affediciliğin başarılabilmesinin, özellikle öfke kontrolünden geçtiği anlaşılmaktadır. Kur'an-ı Kerim, biri tarafından bizi kızdıracak bir muamele ile bile karşılaşsak, önce öfkemizi yenmeyi sonra da affetmeyi tavsiye etmektedir: ***"O muttakîler, ...öfkelerini yenenler, insanları affedenlerdir. Allah, iyilik edenleri sever."*** (Al-i İmran/3: 134). Peygamberimiz de öfke kontrolünün ne kadar güçlü bir karakterin göstergesi olduğunu neredeyse her Müslümanın bildiği şu güzel benzetmeyle anlatmıştır: *"Güçlü kimse, insanları güreşte yenen değil, bilakis öfke anında kendine hâkim olandır."* (Müslim, Birr, 107).

Bir tarafın affedebilmesi için kusur işlediğini az çok fark eden öbür tarafın da bundan dolayı pişman olmayı ve pişman olduktan sonra da gidip o kişiden özür dilemeyi bilmesi gerekir. Bir kusur işledikten sonra özür dilemek ve kendisini affettirmek için elinden gelen gayreti göstermek de neredeyse affetmek kadar önemli bir erdemdir. Zira kendi içinde hatasını kabul etmek ve bunu bir de dışa vurup hata ettiği kişiden özür dilemek her insanın yapabileceği bir şey değildir. Zira insan nefsinin doğal eğilimi, kendisini her zaman kusursuz ve haklı görmeye eğilimlidir; özellikle bencil, kibirli ama aslında özgüveni eksik kişiler için özür dilemek çok zordur. Bununla birlikte, olgun ve özgüven sahibi kişiler, her insanın hata yapabileceği bilinciyle hareket ederler ve kendilerinin de zaman zaman hata yapmasının insani bir durum olduğu düşüncesiyle özür dilemenin şahsiyetini ayaklar altına almak ve kendini ezik duruma düşürmek olmadığını kabul ederler. Böylece daha rahat ve fakat daha içten ve dürüst bir biçimde özür dilerler. Böyle bir durumda affedicilik de kolaylaşır ve iki taraf gönül huzuru içinde barışırlar. Bu durumda erdemliliğin vicdani, toplumsal ve uhrevi ödülü de sadece affeden tarafa değil her iki tarafa birden gitmiş olur.

Affedicilikle neredeyse eş anlamlı sayılabilecek bir kavram ve erdem de bağışlayıcılıktır. İkisi arasında çok yakın bir ilişki olduğu açıktır; ama bununla birlikte aralarında az çok fark vardır. Affetmek, daha öncelikli, daha duygusal ve içsel bir haldir. Affeden kişi, kalbinde ve gönlünde o kabahatin bıraktığı izi silmiş, içindeki kalp kırıklığını bir şekilde onarmış olan kişidir. Bağışlama ise nispeten daha sonra gerçekleşen, daha rasyonel muhakeme gerektiren ve daha dışsal sonuçları olan bir eylemdir. Bağışlama, daha ziyade suçun sabit olmasından sonra, o suçun karşılığında alınması hukuki bir hak olan cezadan vazgeçmek, feragat ve fedakârlıkta bulunmak; o cezayı vererek veya yetkili mercilere verdirerek alacağı maddi veya manevi karşılığı, o suçu işleyene, onun ailesine veya topluma iade etmektir. Affedip bağışladığı kişiyle gerçek anlamda arasını düzeltmek ve yeniden iyi ilişkiler kurabilmek ise daha da üstün bir meziyettir. Nitekim bir ayette şöyle buyrulmaktadır: ***"... kim affeder ve arayı düzeltirse, onun mükâfatı Allah'a aittir...."*** (Şura/42: 40). Başka bir ayette de bu konuda şöyle buyrulur: ***"Onlar affetsinler, vazgeçip iyi muamelede bulunsunlar. Allah'ın sizi bağışlamasını arzu etmez misiniz? Allah, çok bağışlayandır, çok merhamet edendir."*** (Nur/24: 22).

Bununla birlikte işlenen suçun ağırlığı, bağışlama ve barışmanın durumunu haklı olarak az çok göreceleştirir. Suç çok ağır olduğunda, bağışlama gerçekleştirilse bile kalpte ölçülü bir kırgınlığın kalabilmesi doğaldır ve anlayışla karşılanır. Nitekim Peygamberimiz, amcası Hz. Hamza'yı şehit eden Vahşi'yi bağışlamış ama mümkün mertebe kendisiyle karşılaşmak istemediğini söylemiştir (bkz. Buhari, Megazi, 24).

Allah bağışlayıcı olduğu gibi (bkz. Bakara/2: 192), müminler de birbirlerine karşı bağışlayıcı olmalıdır. Allah'ın emri ve isteği budur: ***"İyi sayılan bir söz ve bir bağışlama, arkasından eziyet gelen bir sadakadan daha iyidir."*** (Bakara/2: 263). Kötülüğü bile affedip bağışlamanın, barışarak kötülüğe bile iyilikle karşılık vermenin yüksek ahlaki faziletlere sahip olmakla ilişkisi şu ayette çok açık bir biçimde vurgulanmaktadır: ***"İyilikle kötülük bir olmaz. Kötülüğü en güzel bir şekilde sav. Bir de bakarsın ki, seninle arasında düşmanlık bulunan kimse sanki sıcak bir dost oluvermiştir. Bu güzel davranışa ancak sabredenler kavuşturulur. Buna ancak (hayırdan ve olgunluktan) büyük payı olanlar kavuşturulur."*** (Fussilet/41: 34-35).

Kötülüğe karşı iyilik yapınca o kişinin sıcak bir dosta dönüşmesinin yaşanmış örneklerinden biri, Peygamberimizin, kendisini öldürmeye yeltenen Sümame b. Üsal isimli kişiyi bağışlamasından sonra onun söylediği şu ilginç sözlerde görülür: *"Ey Muhammed! Vallahi, yeryüzünde bana senin yüzünden daha sevimsiz bir yüz yoktu, şimdi ise senin yüzün bana bütün yüzlerden daha sevimli oldu. Vallahi, benim için senin dininden daha sevimsiz bir din yoktu, şimdi ise benim için bütün dinlerden daha sevimli oldu. Vallahi, benim için senin şehrinden daha sevimsiz bir şehir yoktu, şimdi ise benim için bütün şehirlerden daha sevimli oldu."* (Müslim, Cihad ve siyer, 59).

Âtiyi karanlık görerek azmi bırakmak…
Alçak bir ölüm varsa, eminim, budur ancak.

MEHMET AKİF ERSOY, (1981: 209).

21. İSTİŞARE VE KARARLILIK

21.1. İSTİŞARE

İstişare, önemli konularda kesin karara varmadan önce akıllı, ahlaklı ve deneyimli insanlara danışmak, onlarla görüş alışverişinde bulunmak, konuyu iyice mütalaa ve müzakere etmek ve ondan sonra karar vermektir. İstişare, kısaca, bir karar almadan önce danışılmaya layık ve danışılması mümkün olanlara danışmaktır. Yanlış veya kötü bir karar alıp başı derde girmekten ve sonradan pişman olmaktansa vakit varken erbabı ile görüşüp fikrini almak, insanı hatadan ve tehlikelerden korur.

Ahlak âlimlerinin tavsiyesine göre, "Akıllı kimse için ihtiyatlı yol, nasihatçı görüşe sahip kimselerle müşavere etmeden ve üstün akıl sahibi kimselerin mütalaasını almadan hiçbir işi ve kararı gerçekleştirmemektir." (Maverdi, 1982: 18). Zira Cenab-ı Hakk, Peygamberimize bile istişareyi öğütlemiş, ***"... Onları affet, onların bağışlanmasını dile, iş hakkında onlara danış, karar verince de Allah'a güven, doğrusu Allah kendisine güvenenleri sever."*** (Al-i İmran/3: 159) buyurmuştur. Bu ayet uyarınca sadece Peygamberimizin değil elbette ona uyan ve onu örnek alan müminlerin işleri de istişare ile olur. Kur'an'a göre müminler o kimselerdir ki, ***"Rablerinin çağrısına uyarlar, namazı özenle kılarlar. İşleri de aralarındaki danışma ile yürür..."*** (Şura/42: 38).

Danışmak ve istişare etmek erdem olduğu gibi kendisine danışılıp görüşü sorulduğunda samimiyetle görüş belirtmek ve böylece kişilere doğru yolu göstermek ya da kurumların yahut ülkenin yönetiminde doğru yönde alınacak kararlara katılarak katkı sağlamak da erdemdir. Günümüzde katılımcılık da denilen bu erdem, bilhassa ülke yönetimi ile ilgili konularda vatandaşlardan görüş sorulması anlamına gelen seçimlere katılmak, arzu ettiği yönde tercihini yapmaktır. Bir tür genel istişare olan bu tarz etkinliklere katılıp görüş bildirmek, sosyal sorumluluk ve vatandaşlık görevini yerine getirmek olduğu gibi, sosyal bağları kuvvetlendirmek ve gelecek nesillere karşı borcunu ifa etmek anlamına da gelir.

İstişare etmek önemli olmakla birlikte herkesle istişare etmeye de gerek yoktur; hatta akıllı ve iyi niyetli olmayan, hasetlik özellikleri bulunan ve kendisine danışıldı diye böbürlenmeye kalkacak türden bazı kişilerle istişare, fayda değil zarar bile getirebilir. Dolayısıyla, ne tür insanlarla istişare etmenin yararlı olacağını bilmek gerekir. Maverdi'ye göre, istişare etmeye layık olan kimselerin şu beş özelliğe sahip olması gerekir: 1)Tam olarak akıllı ve tecrübeli biri olmalıdır. 2) Dindar ve takva sahibi olmalıdır. 3) Nasihat etmeyi bilen ve samimi bir dost olmalıdır. 4) Zihnini dağıtıcı ve meşgul edici kaygı ve üzüntülerden uzak olmalıdır. 5) Kendisine danışılan konuda, onu ilgilendiren bir maksadı ve onun fikirlerini etkileyecek bir arzusu olmamalıdır (1982: 489-92).

21.2. KARARLILIK

İstişare yapılıp bir karara varıldıktan sonra, o karara bağlı kalmak, onu ısrarlı, ilkeli ve tutarlı bir biçimde sabır ve sebatla sonuna kadar sürdürmek kararlılıktır. Bir karar üzerinde sabit kalmak anlamındaki sebat, Kınalızade'nin tanımına göre, "öyle bir huydur ki, bununla insan, kemale götüren prensip, bilgi ve davranışlara sahip olabilmek için şuurlu bir azim ve gayretle her güçlüğe tahammül etmeyi öğrenir. Nefsini bu yolda terbiye eden insan, hayırlı bir gayeye ulaşmak için vardığı karardan dönmez. Hiçbir zevk, hiçbir basit heyecan, ya da menfaat, sebat sahibini isabetle çıktığı yoldan geri çeviremez." (t.y.: 99).

Kur'an-ı Kerim, danışma ve istişare ile azim ve kararlılığı, karar verdikten sonra Allah'a güvenerek kararında ilkeli bir biçimde sebat etmeyi arka arkaya zikretmektedir: "*... **Onları affet, onların bağışlanmasını dile, iş hakkında onlara danış, karar verince de Allah'a güven, doğrusu Allah kendisine güvenenleri sever.***" (Al-i İmran/3: 159).

Her erdemde olduğu gibi azim ve kararlılıkta da en iyi örnekler, "üsve-i hasene" olan Peygamberimizin hayatında görülmektedir. Mekke'lilerin isteği üzerine amcası Ebu Talip, Peygamberimize gelip davasından vazgeçmesini istediğinde Peygamberimizin ona verdiği cevap muhteşem bir kararlılık örneğidir: "*Ey Amca! Allah'a yemin olsun ki, bu davamı terk etmem karşılığında sağ elime güneşi, sol elime de ayı koysalar, Allah dinini güçlendirinceye veya bu yolda canımı verinceye kadar asla bundan vazgeçmeyeceğim.*" (İbn Hişam, Siret, I, 101).

Allah Rasulü, yaptığı işlerde kararlı, azimli ve istikrarlı olmayı müminlere de sürekli tavsiye etmiştir. Bir gün ona "Allah katında amellerin en sevimlisi hangisidir?" diye soruldu. Rasulullah, "*Az da olsa devamlı olanıdır.*" buyurdu (Müslim, Müsafirin, 216). Böylece o, kararlılığın, devamlılık ve istikrar boyutunu vurgulamış oldu. Alınan kararlara sadakatle bağlı kalmak ve önemine binaen onu gerekirse hayat boyu sürdürmek gerekir. Bununla birlikte kararlılık, inatçılıkla karıştırılmamalıdır. Kararlılık, iyi ve doğru olduğunda şüphe olmayan konularda iç ve dış baskıların etkisi altında kalmaksızın doğru bildiğin yolda ilerlemek, doğru olduğundan emin olduğun kararından ne olursa olsun vazgeçmemektir. Doğruluğundan şüphe edilen konularda, kendisiyle istişare edilen güvenilir insanların aksi yönde değerlendirmeleri ve tavsiyelerine rağmen kendi kararında ısrar etmek ise karalılık değil olsa olsa inatçılıktır; bu da bir erdem değil aksine bir kusurdur. Kararlılık ise doğru bilgi ve gerektiğinde güvenilir kişilerle yaptığı istişareler neticesinde sağlamlığından şüphe etmediği duruşunda veya hükmünde sebat etmek, onlardan vazgeçmemektir.

Kararlılığın, sebat ve sadakat gibi bir başka boyutu da ilkelilik ve ilkeye tutarlı bir biçimde bağlı kalmaktır. Bir ilkeye bağlılık ve onu adamına veya şartlarına göre değiştirmemek, aksi yönde ne kadar ısrarlar ve adam kayırmacılıklar olsa bile o ilkeyi veya yasayı uygulamakta eşitlikçi olmak ve tutarlı davranmak da kararlılığın bir türüdür. Peygamberimizin, hukuk ve yasalar karşısında, zengin fakir, soylu köylü ayırt etmeksizin *"kızım Fatıma da olsa aynısını uygularım"* (Buhari, Enbiya, 54; Müslim, Hudud, 8, 9) cevabını verdiği örnek olayda gösterdiği tutum, yasalar gibi önemli konularda gösterilen ilkelilik kararlılığının müstesna örneklerindendir.

Ayran kâsem önümde oldukça,
Vallahi kimsenin balını düşünmem.

MEVLANA, (*MESNEVI*, 16)

22. KANAATKÂRLIK VE VEFAKÂRLIK

22.1. KANAATKÂRLIK

Daha önce işlenilen helaliyet erdeminin en büyük destekçilerinden biri kanaatkârlık erdemidir. Kanaatkârlık, insanın, çalışıp çabalamakla birlikte sahip olduğu imkânlar sınırlı da olsa elinde olanların kıymetini bilmesi, bunları yeterli ve değerli görüp şükredebilmesi, başkalarının sahip olduklarının daha fazlalığına bakıp, kıskançlıkla bitmez tükenmez bir yarış içine girip kendini tüketmemesi ve Allah'ın verdiği mevcut nimetlere karşı nankörlük etmemesidir. Kanaatkâr insan, kendi kazancı ve geçim düzeyi ne olursa olsun, onu daha fazla kazananlarla karşılaştırıp mutsuz ve şükürsüz olmayan, aksine fakir bile olsa kazancının helalliği gibi sebepleri düşünerek halinden memnun olmayı ve Allah'a şükretmeyi karakter haline getiren insandır.

Kanaatkârlık erdemi yanlış anlaşılmamalıdır. O, çalışacak gücü ve daha fazla kazanacak yeteneği ve imkânları varken kendisini, ailesini ve hatta ülkesinin ekonomik gelişimini olumsuz etkileyecek şekilde tembellik ve uyuşukluk içinde yarı aç yarı tok yaşamak, aç-sefil bir hayata kendini mahkûm etmek, zenginlik aleyhine sözler edip bu haliyle kanaatkârlık ve zahitlik taslamak değildir. Zira çalışkanlık,

İslam dininin çok önem verdiği bir erdem olduğu gibi, helal kazançla zengin olmak ve buna uygun bir hayat yaşamak da kınanan bir durum değildir. Nitekim Cenab-ı Hakk, Kur'an-ı Kerim'de şöyle buyurur: ***"De ki: 'Allah'ın kulları için yarattığı süsü, temiz ve iyi rızıkları kim haram kıldı?' De ki: 'Onlar dünya hayatında müminlere yaraşır; kıyamet gününde ise yalnız onlara mahsus olacaktır.' İşte bilmek isteyen bir topluluk için ayetleri böyle açıklıyoruz."*** (Araf/7: 32). Peygamberimiz de, kanaatkârlığı zenginlik karşıtlığı zannetmemek konusunda uyarıcı mahiyette şöyle demiştir: *"Takva ehli kimseler için zenginliğin bir zararı yoktur."* (İbn Mace, Ticaret, 1).

Çalışkanlıkta ve neticesindeki zenginlikte tehlikeli olan husus, zenginliği bir araç değil başlı başına hayatın bir amacı haline getirmek ve onun için büyük bir hırs ve tamah içinde olmaktır. Ayrıca bu hırs içinde çalışırken dinî görevlerini ve insanî ilişkilerini ihmal etmek ve gayr-i meşru yollara tevessül etmek, neticede ulaşılan zenginliği de sadece kendisinin çalışmasına bağlayıp Allah'ın verdiği gücü, kuvveti ve bahşettiği imkânları görmezden gelmektir. Kanaatkârlık erdemine sahip Müslüman ise ticareti hırsa, zenginliği nihai amaca dönüştürmez ve bunlardan dolayı ibadetlerini ve diğer sorumluluklarını ihmal etmez. Onlar, "Ticaretin de alım-satımın da kendilerini Allah'ı anmaktan, namazı hakkıyla kılmaktan ve zekâtı vermekten alıkoyamadığı, gözlerin ve gönüllerin dehşetle sarsılacağı bir günden korkar kişiler."dir (Nur/24: 37). Zaten böyle kişiler, zengin de olsalar, fakir de olsalar, *"Zenginlik, mal çokluğu değil gönül tokluğudur."* (Buhari, Rikak, 15) hadisine uygun yaşarlar. Onlar aynı zamanda ne kadar çok kazanırsa kazansınlar, harcama konusunda da kanaatkâr olurlar; israfa düşmez, lükse ve gösterişçiliğe tenezzül etmezler.

Kanaatkârlık, yine çevresine oranla pek zengin olmayanların daha fazla önemseyebilecekleri, onun sayesinde gereksiz bir kıskançlık, haset ve düşmanlık içine girmeyecekleri, sahip olduklarıyla huzurlu ve mutlu bir hayat yaşayabilecekleri bir erdemdir. Bir hadis-i şeriflerinde Peygamberimiz, dünya ve ahiret sıkıntılarından kurtulup iki cihanda huzura kavuşmayı üç şarta bağlamıştır ve bunlardan biri de kanaatkârlıktır: *"Müslüman olan, kendine yetecek kadar rızık verilen ve Allah'ın ona verdikleriyle kanaatkâr kıldığı kimse kurtuluşa ermiştir."* (Müslim, Zekat, 125). Bir başka benzer hadisinde de, *"Sizden her kim ruhen ve bedenen sağlıklı olup günlük yiyeceği de yanında olursa dünya onun olmuş gibidir."* (Tirmizi, Zühd, 34) buyurmuşlardır. O, kendisi de böyle bir hayatı tercih etmiştir. Bir gün hasırdan yapılmış yatağından kalktığında yanaklarında hasırın izini gören sahabenin, kendileri için daha iyi bir yatak temin etme önerileri karşısında şöyle demiştir: *"Benim dünya (lüksü ve konforu) ile ne işim olur ki! Ben dünyada bir ağacın altında gölgelendikten sonra yola koyulup orayı terk eden bir yolcu gibiyim."* (Tirmizi, Zühd, 44).

Az da olsa, helal kazanca kanaat etmemek Allah'ın verdiği nimete nankörlüktür. Oysa bundan şiddetle sakınmak gerekir; zira bir ayette ***"Allah, hiçbir günahkâr nankörü sevmez."*** (Bakara/2: 276) buyurulmuştur. "Aza kanaat etmeyen, çoğu bulamaz." gibi değerli atasözlerimizi de hatırda tutarak her zaman kanaatkâr olmak, helali-haramı ayırt etmeyen insanlarla zenginlik yarışına girmemek daha doğru bir tutumdur. Dünyevileşmenin hat safhaya çıktığı ve tüm insanları etkileyen bir dünya görüşü haline gelip dindar insanların çoğunu da etkisi altına aldığı günümüzde, az dahi olsa helalin bereketi ve huzurunu, haramın ve şüphelinin çokluğu ve geçici hazzına değişmemek gerekir. Nasıl daha kanaatkâr olabileceğimizin yolu da, Peygamber Efendimiz tarafından gösterilmiştir: *"(Maddi yönden) Sizden daha aşağı olanlara bakın! Sizden yukarıda olanlara bakmayın! Bu, Allah'ın nimetini küçümsemememeniz için daha uygundur."* (Müslim, Zühd, 9).

22.2. VEFAKÂRLIK

Vefakârlık, söz, dostluk ve geçmişte yapılmış olan iyiliklerle ilgili bir kavramdır. Söz ve anlaşmalarla ilgili olana daha ziyade 'ahde vefa' denir. Bu, sözünde durmak, verdiği söze bağlı kalmak, yaptığı anlaşmaların gereğini yerine getirmek, sonradan ortaya çıkan daha fazla menfaat karşısında ve tehditler karşısında bile anlaşmasını bozmama mertliğini göstermektir. Dostlukla ilgili kullanıldığında aradan çok uzun zaman geçse de eski dostluğuna bağlı kalmak ve o dostluğun hatırını sayıp gerekli izzet ve ihtiramı dostuna veya onun yakınlarına göstermektir. Daha da genel anlamda ise vefakârlık, dostu olsun veya olmasın, iyiliğini gördüğü bir insana karşı her zaman belli bir borçluluk ve minnet duygusu içinde olmak ve o kişi bir gün bunun karşılığının gösterilmesine muhtaç olduğunda bunu ondan esirgememek, hatta o öyle bir beklenti içinde olmasa bile vefakârlık erdemine sahip bir insan olarak gereken yardımseverlik ve iyiliği o kişiye karşı fazlasıyla göstermektir.

Kur'an-ı Kerim, aradan geçen zaman ne kadar olursa olsun, iyiliğin karşılığının ancak iyilik olduğunu bildirir. Özellikle ve öncelikle de, Allah'ın kullarına yaptığı iyiliklerin haddi hesabı olmayacağı için (İbrahim/14: 34), en büyük minnettarlık ve vefakârlık Cenab-ı Hakk'a karşı gösterilmelidir. Kanaatkârlık ve vefakârlık arasındaki ilişki de buradadır. Allah'ın verdiği nimetlerin azlığı veya çokluğuna bakmaksızın kanaatkârlık içinde olmak ve bu nimetleri verene her daim şükür ve vefa borcu içinde yaşamalıdır. Nitekim Kur'an'da şöyle buyrulur: ***"Artık Rabbinizin nimetlerinden hangisini inkâr edebilirsiniz? İyiliğin karşılığı da ancak böyle bir iyiliktir."*** (Rahman/55: 59-60). İyiliğin karşılığının iyilik olması, hem Allah'a karşı hem de iyilik yapan insanlara karşı yerine getirilmesi gereken evrensel ahlak ilkesidir. Vefakâr insanlar, kendilerine iyilik yapanın, mümin ya da kâfir olmasına, yaşayan veya ölü olmasına, iyiliğin yakın zamanda veya çok uzak geçmişte olmasına bile bakmaksızın vefakârlıklarını gösterir, gereken saygı, sevgi veya yardımı fazlasıyla ifa ederler.

Vefakârlık söz konusu olduğunda Peygamberimizin hayatından onlarca örnek gösterilebilir. Onun süt annesi Halime'ye, Süveybe'ye, süt kız kardeşi Şeyma'ya, dostu Hz. Ebu Bekir'e, Müslüman muhacirleri ülkesine kabul eden Habeş kralı Necaşi'ye, hatta Taif dönüşü Mekke'ye girmesinde kendisine yardımcı olan bir müşriğe karşı vefakârlığı bunlardan sadece birkaçıdır. Ama onun hayatındaki belki en güzel, en dokunaklı, en karşılıklı ve en uzun süreli vefakârlık örneği, herhalde Hz. Hatice validemiz ile aralarındaki vefakârlıktır.

Hz. Hatice validemiz Peygamberimize karşı her zaman çok fedakâr ve vefakâr olduğu gibi Peygamberimiz de ona ve yakınlarına karşı ömür boyu en yüksek düzeyde vefa göstermiştir. Bunun görüldüğü çok duygusal olaylardan biri şudur: Bedir'de yenilmelerinden sonra Mekke'liler, Müslümanların ellerinde bulunan esirleri kurtarmak için fidye olmak üzere birtakım mallar göndermeye başlayınca, Hz. Peygamberin kızı Zeyneb de kocası Ebü'l-As'ın fidyesi olmak üzere bir miktar mal göndermişti. Bu mallar içerisinde Hz. Hatice validemizin kızı Zeyneb'i evlendirirken ona düğün hediyesi olarak taktığı kendisine ait bir gerdanlık da vardı. Rasulullah, sevgili eşinin ve kızının hatıralarını taşıyan bu gerdanlığı görünce çok üzüldü ve Müslümanlara, *"Uygun görürseniz Zeyneb'in esirini serbest bırakın ve Zeyneb'e ait olan şu gerdanlığı da kendisine iade edin."* dedi. Onlar da Rasulullah'ın bu teklifini kabul ettiler (Ebu Davud, Cihad, 121).

Vefakârlığa çok yakın anlamlı erdemlerden biri de kadirşinaslıktır. Kadirşinaslık, sahip olduğu nimetlerin kadrini kıymetini bilmek, değerini takdir etmek, bu nimete erişmesine neden olan Yaratıcısına şükretmek, bunlara vesile olan anne babasına, hocalarına, işverenlerine, milletine, devletine karşı minnettarlık hisleri içinde olmak ve gerektiğinde gönül rızasıyla, içten gelerek teşekkür edebilmektir. Bu erdemin zıddı ise kadir kıymet bilmemek, kendisine emeği geçen insanlara karşı saygısızlık, vefasızlık ve nankörlük etmektir. Vefakârlık gibi kadirşinaslık da öncelikle Allah'a karşı gösterilmelidir. Fakat insanların çoğunun bunu göstermekten uzak olduğu bir ayette şöyle belirtilmektedir: ***"O size istediğiniz her şeyi verdi.***

Allah'ın nimetlerini saymaya kalksanız başa çıkamazsınız. Şu bir gerçek ki insanoğlu çok zalim, çok nankördür." (İbrahim/14: 34). Daha sonra bize doğrudan veya dolaylı olarak iyilik eden ve faydalı olan tüm insanlara karşı vefakârlık ve kadirşinaslık hissi içinde olmalı, bunların gereği olan saygıyla anmayı, minneti, teşekkürü, övgüyü ihmal etmemelidir.

Hâlimiz bir inhilâl etmiş vücûdun hâlidir;
Rûh-i izmihlâlimiz ahlakın izmihlâlidir.
Sâde bir sözdür fakat hikmetlerin en mücmeli:
Bir halâs imkânı var: Ahlakımız yükselmeli.

MEHMET AKİF ERSOY, (1981: 320)

23. KENDİNİ BİLME VE KEMALİYET

23.1. KENDİNİ BİLME

Kendini bilmek, İslam kültürü yanında başka pek çok kültürde de bulunan ve bilinen en eski kadim bilgeliklerden ve faziletlerden biridir. İslam kültürü içinde kendini bilme, daha ziyade tasavvufçular ve felsefeciler arasında vurgulanan bir erdemdir. Bu çerçevede daha çok kendini bilmenin Rabbini bilmekle alakası bağlamında manevi yorumlar yahut da kendini bilmenin insan doğasının ruh-beden ikiliği içinde olması ve bunlardan biri olan ruhun ölümsüzlüğü inancı çerçevesinde metafizik izahlar yapılır. Kendini bilmeye pratik ahlak açısından daha basit bir biçimde bakıldığında ise o, bireyin iç gözlem, nefis muhasebesi ve özeleştiri gibi yöntemlerle kendi şahsi karakter özelliklerini tanıması ve bilmesidir. Bu da bireyin, ruh dünyasının güçlü ve zayıf yönlerinin farkında olması, duygu ve düşüncelerine ait iyi ve kötü yanlarını tanıması, arzu ve isteklerinin uygun olan ve olmayanlarını ayırt edebilmesi, iradesinin güçlü ve zayıf olduğu durumlardan haberdar olması, kendi içine ve eylemlerine bir bütün olarak bakabilip doğru bir benlik algısına sahip olabilmesi anlamına gelir.

Kendini bilmenin birçok ahlaki faydası vardır. Kendini bilmek, her şeyden önce haddini bilmeyi getirir ki bu da aslında başlı başına bir değer ve erdemdir. Her toplumda haddini bilenler, hak ettiği saygıyı görürler, bilmeyenler ise genellikle gıyaplarında ya da zaman zaman yüzlerine karşı uyarılır yahut aşağılanırlar. Kendini bilmek, insanın doğru bir benlik algısına sahip olmasını, böylece kendisini olduğundan büyük veya olduğundan küçük görmenin doğuracağı dışlanmışlık veya depresyon gibi olumsuz durumlardan kurtulmasını sağlar. Kendini bilmek, kişiyi doğru kararlar almaya sevk eder. Zira kendini zaman zaman sorgulayıp, kişisel özelliklerini analiz edip, tarafsızca değerlendirmeler yapıp kendisini tanır hale gelmeyen bireyler, karar alırken sık sık yanılırlar. Kendini olduğundan büyük görüyorsa, yapamayacağı işlerin altına girer; ama bir süre sonra, bir sürü emek boşa gidecek şekilde bunu başaramayacağını görür. Ya da kendini olduğundan erdemli zannedip başkalarının kusurlarını uluorta eleştirenler, bir süre sonra kendilerinin daha büyük hatalar yaptıklarına şahit olurlar. Oysa kendilerini tanımış olsalardı, hiç olmazsa kendilerinde de bulunan kusurlar konusunda konuşurken daha ihtiyatlı ve tedbirli olurlardı.

Kendini bilmenin ve tanımanın yolu, sık sık iç gözlem yapmak, davranış ve eylemlerinden sonra dönüp onlar üzerinde düşünmek ve bunları açık yüreklilik ve tarafsızlıkla özeleştirel bir biçimde yapmaktır. Özeleştiri, aslında sadece kendini tanıma tekniği değil, başlı başına erdem sayılabilecek değere sahip bir etkinliktir. O, sadece bireylerle ilgili kişisel sınırlılıklar içinde dar bir çaba da değildir. Gerek bireyler, gerek aileler ve toplumlar, gerekse medeniyet ve insanlık adına konuşanlar, zaman zaman dönüp kendi içinde bulundukları yapılar adına özeleştiri yapabilmeli, böylece geçmişte yapılan hatalardan ders alıp kurtularak geleceğe daha kusursuz ve emin adımlarla ilerleyebilmelidirler.

Özeleştiri, hatalardan ve eksikliklerden kurtulma ve amacı istikametinde çok daha başarılı bir biçimde ilerlemenin olmazsa olmaz yöntemi olarak kabul edilmelidir. Zira özeleştiri yapmak ve kendi kusurunu kabul etmek peygamberlerde bile görülen bir özelliktir. Örneğin, Yunus (a.s.) ile ilgili şu ayetler onda bu özelliğin olduğunu göstermektedir: ***"Zünnun'u (Yunus'u) da hatırla. Hani o, bir***

zamanlar öfkelenerek gitmişti de, kendisini asla sıkıştıramayacağımızı sanmıştı. Sonra karanlıklar içinde, 'Senden başka Tanrı yoktur, Seni her türlü eksiklikten uzak tutarım, ben kesinlikle zalimlerden oldum!' diye dua etti. Biz de onun duasını kabul etmiş, hemen kendisini üzüntüden kurtarmıştık. İşte biz, müminleri böyle kurtarırız." (Enbiya/21: 87-88).

Özeleştiri yapmaya yanaşmayanlar, kendini bilme ve tanıma çabasında başarılı olamazlar. Örneğin çok kibirli olanlar, kendini fazlasıyla beğenenler özeleştiri yapmazlar. Çünkü kendi değerlerinden o kadar emindirler ki buna gerek görmezler. Hatta bu kimseler, özeleştiri yapmayı bir şekilde deneseler bile, asla kendilerinde kusur bulmaz, ters giden işlerden dolayı hiçbir zaman sorumluluk kabul etmezler. İşin aslı öyle olmasa da, iyi sonuçlanan işlerde bütün sorumluluğu ve takdiri tek başına üstlenirlerken, kötü giden işlerde mutlaka suçlayacak ve sorumluluktan kurtulacak başka birini bulurlar. Özgüveni çok düşük olanlar da özeleştiriye pek yanaşmazlar; zira özgüvenlerinin hepten düşmesinden ve kaldıramayacakları şekilde yara almasından korkarlar. Sebebi ne olursa olsun, dürüstlükle ve hakkaniyetle yapılan özeleştiriden kendilerini mahrum bırakanlar, kendilerini gerçek anlamda tanıma şansına sahip olamazlar. Bu durumda benlik algıları da gerçekçi ve dengeli bir noktaya oturmaz; kararları ve davranışları da isabetli olmayıp sık sık hayal kırıklığı ve pişmanlık doğurur.

Her erdemli yolda olduğu gibi özeleştiride de ifrat ve tefritten uzak durmak gerekir. Zira hiç özeleştiri yapmayıp kendini dev aynasında görmek, pek çok hata ve hayal kırıklığına sebep olabileceği gibi, aşırı özeleştiri yapıp kendi gözünde kendi izzetinefsini, özsaygı ve saygınlığını yitirmek de bambaşka olumsuzluklara, ahlaki değerleri ve onlara dair toplumsal değer yargılarını hiç dikkate almamaya ya da kendini değersiz ve depresif bir hayata mahkum etmeye sevk edebilir. Her şeyde olduğu gibi özeleştirel değerlendirmede de önemli olan itidali korumak, ölçüyü kaçırmamaktır. Böyle yapıldığında, kişi kendini idealde olmayı tasarladığı kişi ile de, başkalarıyla kıyaslayıp küçümsediği şekliyle de değil, gerçekte olana en yakın şekliyle görür. Ondan sonra da deyim yerindeyse stratejik bir planlamayla bir taraftan ahlaken zayıf olan yönlerini gidermeye ve zafiyetlerinin tuzağına düşmemeye çalışırken, diğer taraftan da kuvvetli ve iyi yönlerini daha da geliştirmeye ve güçlendirmeye çalışır.

23.2. KEMALİYET

Kendini tanımanın tamamlayıcı unsuru ve asıl amacı, kendini geliştirmek, daha güzel bir tabirle kemale erdirmektir. Buna da kısaca, kemaliyet erdemi denebilir. Kendini tanıma erdemi de asıl itibarıyla kemaliyete yöneliktir. Kendini geliştirmeye vesile olmadıktan sonra kendini tanımanın fazla bir anlamı yoktur; asıl amaç, kendini olduğun yerden alıp olmak istediği yere doğru adım adım, aşama aşama, ama sürekli ve ölünceye dek elden geldiğince ilerletmeye ve kemale erdirmeye çalışmaktır.

Psikolojik açıdan bakıldığında, üç tür "ben"den bahsedilir. Gerçekte olduğumuz veya "bulunduğumuz ben", kendi kendimizi "algıladığımız ben" ve hep olmayı hayal ettiğimiz, "idealimizdeki ben". Arzu edilen ve sağlıklı görülen durum, bu üç ben'in dengede olmasıdır. Bulunduğumuz ben veya "gerçek ben", kişinin hem olumlu hem de olumsuz yönleriyle birlikte içinde bulunduğu bendir. Algıladığı ben yahut "aktivist ben" ise gerçek beni ile ideal beni arasında yaşamaya çalıştığı bendir (Tarhan, 2011: 247). İşte kendini geliştirme erdemi, kişinin ideal saydığı benlik hayalini gerçekleştirme çabasıdır. Buna bazen kendini gerçekleştirme (self-realisation) de denmektedir.

Ancak ahlaki açıdan bakıldığında, kişinin kendini geliştirme ve kemaliyet çabasındaki nihai nokta, hiçbir zaman varılıp ulaşılmış sabit bir menzil, tamamlanmış bir yolculuk ve gerçekleştirilmiş bir nihai benlik sayılmaz. Hedef; ölene dek elden gelen tüm gayretle çalışmak ve kendini kemale erdirmeye, olgunlaştırmaya, huyunu sürekli daha da güzelleştirmeye, iyi bir insan olma ve iyilikler yapmada öteki insanlarla yarışmaya ve onları geçmeye çalışmaktır. Burada kişi, kendisini İslam düşüncesinin önemli temel kavramlarından biri olan "insan-ı kamil", (kamil insan, olgun insan, yetkin insan, mükemmel insan) olma yolunda görür ve bu uğurda iki gününün müsavi olmamasına, her gün bir önceki güne göre kemaliyet ve mükemmeliyet yolunda biraz daha ilerliyor olmaya gayret eder. Bu gayretine de ne ara verir, ne son verir. Bunu, hayat boyu sürecek ve hayatına anlam katacak büyük bir amaç olarak görür.

İslam ahlak literatüründe insan-ı kamil olma yolunda kendini geliştirme anlamına yakın anlamlara sahip başka erdem ifadeleri de vardır. Bunlardan biri, yüksek himmettir (ulüvv-ü himmet). Maverdi'ye göre yüksek himmet, mürüvvet erdemini kolaylaştıran iki şeyden biridir; "ilerlemeye sevkeder ve ihtisas kazanmaya sebep olur. Çünkü yüksek himmet sahibi, düşük ve önemsiz kalmayı gururuna yedirmez ve noksanlık zilletini kabul etmez." Yüksek himmet sahibi olan kişi, kendisini yükseltmeye ve olgunlaştırmaya çalışır; yaşarken ve bir iş veya meslek yaparken de, bayağı ve adi işleri değil, yüksek ve şerefli işleri sever ve yapar. Hedef ve idealleri yüksek olmamak, insanı büyük başarılardan da yüksek faziletlerden de geri bırakır. Buna karşın, yüksek ideallere sahip olmak, kendini o doğrultuda geliştirmeye gayret eden kimse için büyük bir motivasyon kaynağı ve âdeta o yoldaki yolcuların en önünde giden bir bayrak gibi yapar. O, ümitsizliğe karşı da uyarılarda bulunur. Ona göre "ümitsizlikten dolayı yüksek şeyleri istemeyen kimse, büyük şeylere ulaşamaz" (1982: 519).

İbn Miskeveyh'e göre de, "nefis büyüklüğü" ve "büyük himmet sahibi olmak bir fazilettir." Ona göre bunlar, yiğitliğin kapsamına giren alt grup faziletlerdendir. Bunlara sahip olan kişi, "basit şeyleri küçümser", "felaketlere ve onur kırıcı şeylere katlanma gücüne sahiptir" ve "kendisini daima büyük işlere alıştırır" (2013: 37-38).

Sürekli kendini geliştirme ve kemaliyet yolunda ilerleme erdemi peşinde olan kişi, Kur'an açısından bakıldığında, aynı zamanda başkalarıyla hem dayanışma hem de tatlı ve dostça bir rekabet içinde olan, iyilikte yarışan ve bu yarışta öne geçmeyi hedefleyen biridir. O, bir iyilik yarışçısıdır: hem en iyi olma hem de en fazla iyilik yapma yarışçısıdır. Nitekim Cenab-ı Hakk, Kur'an'da müminlere iyilikte yarışmalarını emretmektedir: ***"Herkesin yöneleceği bir yön vardır, o ona yönelir. Haydin hep hayırlara koşun, yarışın..."*** (Bakara/2: 148). Elbette her yarışta olduğu gibi bu yarışta da hedef, en öne geçmek, en ileride olmaktır. Zaten bir ayette de hedef o şekilde gösterilir: ***"Sonra biz o kitabı kullarımızdan seçtiklerimize miras kıldık. Onlardan kendilerine zulmedenler var, onlardan orta yolu tutanlar var, yine onlardan Allah'ın izniyle hayırlarda ileri gidenler var...."*** (Fatır/35: 32). İşte kemaliyette ileri giden ve öne çıkanlar, iyilik yarışının öncelikli aşaması olan iyi bir insan olma kısmında başarıya ulaşmış olacak kimselerdir. Onlar için daha sonraki aşamalar olan iyilik yapma ve iyiliği yayma aşamaları artık başarılması çok daha kolay aşamalar olur.

İlim ilim bilmektir, ilim kendin bilmektir
Sen kendini bilmezsin ya nice okumaktır

YUNUS EMRE, (2006: 275)

24. BİLGİLİLİK VE BİLGELİK

24.1. BİLGİLİLİK

İlim veya bilgi, İslam dininin en fazla yücelttiği değerlerdendir. Bilgi, kendimiz veya etrafımızdaki maddi veya manevi varlıklar hakkında, görmek, duymak, deneyimlemek, düşünmek ve öğrenmekle edinilen doğru malumattır. Kur'an'da ilim kökünden türemiş kelimelerin sayısı yaklaşık olarak 750'ye ulaşmaktadır. Bu da, bilgili olmanın, Allah katındaki değerini, insanlar ve Müslümanlar için de ne kadar önemli olduğunu gösterir. Bunun şuurunda olan Müslümanlar, İslam'ın doğuşundan itibaren bilgi ve bilim faaliyetlerine büyük önem vermişler, neticesinde de çok kısa sürede sadece dinî ilimlerde değil, akli ve tecrübî ilimlerde de tüm dünyanın en ileri seviyesine ulaşmışlardır. Onların ilim merkezi haline getirdikleri bazı şehirleri de kısa süre içinde dünyanın her yerinden gelip ilim arayanların koştuğu cazibe merkezleri haline gelmiştir. Bugün her Müslüman, İslam medeniyetinin altın çağlarında Müslüman âlimlerin ilme olan katkılarıyla haklı olarak gurur duyar.

İlmi bakımdan zirvede olduğu yüzyıllar İslam medeniyeti için övgü kaynağı olduğu gibi ilim sahibi olmak da her Müslüman için çok önemli bir fazilet olmuştur. Bilgi, bütün ahlaki erdemlerin kaynağı olduğu gibi bilgililik de ahlaki erdemler arasında önemli bir yere sahiptir. Zira bilen insanın erdemsizlik yapması hiç kolay değildir. Faziletleri uygulamada ilmin faydası çoktur. Bilgi insanın aklını, vicdanını ve iradesini güçlendirir. Erdemlerin faydaları, erdemsizliklerin zararları ayrıntılı bir biçimde bilinince akıllı insanın bu ikisi arasında seçim yapması kolaylaşır; fazla zorlanmadan erdem ve fazilet yolunu seçer. İlmin zıddı olan cehalet de çeşitli erdemsizliklere açılan kapılardan biridir. Cahil insanın genel olarak kötülüğe ve zorbalığa meyilli olması bir yana, iyi niyetli olduğu zamanlarda bile iyilik yapayım derken kötülük yapması çok muhtemeldir. Bu yüzden, 'cahil dostun olacağına, âlim düşmanın olsun' denilmektedir. Bilgililiğin saymakla bitmeyecek faydalarından dolayı Peygamber Efendimiz, *"İlim öğrenmek her kadın ve erkeğe farzdır."* (İbn Mace, Mukaddime, 17) buyurmuştur. Cenab-ı Hak, savaş zamanlarında bile herkesin sefere çıkmamasını bazılarının geride kalıp ilimle meşgul olmasını istemiştir: ***"Bununla beraber müminlerin hepsinin toptan savaşa çıkmaları doğru değildir. Onların her kesiminden bir grup dinde yeterli bilgi sahibi olmaya çalışmak ve seferden dönen topluluklarını uyarmak üzere geride kalmalıdır. Umulur ki sakınırlar."*** (Tevbe/9: 122).

İslam ahlakçıları, insanı bütün yaratıkların en şereflisi kılan gerçek üstünlüğün, malda ve makamda değil, "akıl ve ilimde olduğunda birleşmişlerdir." Öyle ki, İslam toplumunda sosyal tabakalaşmayı meydana getiren ana ölçüt ilimdir ve İslam'ın sosyal tabakalaşma piramidinin en üst tabakasında âlimler bulunur. Burada âlimden kasıt, elbette ilmiyle amel eden faziletli âlimlerdir. Faziletli âlimin toplumdaki itibarı her zaman yüksektir; zira toplumun yükselmesi onların gayretleriyle yakından ilişkilidir. Müslümanlar ne zaman ilme sarılmışlarsa, o zaman toplumun her kesimi bir bütün olarak yükselmiştir. Müslümanlar arasında ilmin gerilemeye başladığı dönemlerde ise "işin içine hurafeler karışmış, ilim ehli cahilleşmiş, taassup da alabildiğine artmıştır" (Erdem, 2003: 158).

Bilgililiğin fazilet olması genel bir kaidedir ve burada kastedilen mutlaka âlim olmak derecesinde bilgili olmak değil kişinin gücü nispetinde bilgili olmasıdır. Az ya da çok her bilgi sahibini bilgisize oranla daha üstün kılar. Zira Kur'an'da belirtildiği üzere ***"Görmeyenle gören, karanlıklarla aydınlık, gölge ile sıcak bir olmaz."*** (Fatır/35: 19-21). Hatta bu konuya daha açıkça değinen başka bir ayette, ***"... Hiç bilenlerle bilmeyenler bir olur mu? Doğrusu ancak akıl, iz'an sahipleri bunu anlar."*** (Zümer/39: 9) buyrulmaktadır. Bilgili olan ile olmayan bir olmayıp bilgililik asıl üstünlük olduğuna göre, her Müslüman her geçen gün yeni bir şeyler öğrenip bilgililik düzeyini artırmaya ve öğrendiklerini Müslüman kardeşleriyle paylaşmaya çalışmalıdır. Zaten paylaşıldıkça azalmayan aksine artan bilgi konusunda dinimizin tavsiyesi hem öğrenen hem de öğreten olmaktır. Hz. Peygamber bir hadisinde bu hususa şöyle işaret etmiştir: *"Sadakanın en faziletlisi, Müslümanın bir bilgi öğrenmesi, sonra da o bilgiyi Müslüman kardeşine öğretmesidir."* (İbn Mace, Sünnet, 20).

İslam ahlakçılarının büyük bir ekseriyeti, "bilgisizliği nefs hastalıklarının en şiddetlisi, bütün rezalet ve kötülüklerin anası ve kaynağı saymışlardır." Cehalet kadar büyük bir kötülük ve fakirlik tasavvur edilemez. Cehalet, insanın canını, malını ve namusunu tehlikeye sokar. Birey ve toplum için en büyük sefaleti cehalet doğurur. Cehalet bulaşıcı bir hastalık gibi olduğu için Cenab-ı Hak özellikle cahillerden olmamamızı ve cahillerden yüz çevirmemizi istemektedir (Erdem, 2003: 159). Bir ayette, ***"... O halde sakın cahillerden olma!"*** (En'am/6: 35) denilmekte, bir başkasında da, ***"Sen af yolunu tut, iyiliği emret, cahillerden yüz çevir!"*** (Araf/7: 199) diye öğüt verilmektedir. Demek ki, bir taraftan cahillik ve cahillerden uzaklaşarak bilgi ve bilim yolunda ilerleme kararlılığı ve gayretinde olmalı, bir taraftan da Kur'an'da bize öğretilen şu dua ile sürekli Allah'a yalvarıp yakarmayı sürdürmeliyiz: ***"Rabbim ilmimi arttır."*** (Kehf/20: 114).

24.2. BİLGELİK

Bilgi (ilim) ve bilgelik (hikmet), ikiz kardeş olan değerlerden ve erdemlerdendir. Kur'an'da da bazen ard arda geçmektedirler. Örneğin Hz. Yusuf'a (Yusuf/12: 22), Hz. Lut'a (Enbiya/21: 74), Hz. Davud ve

Hz. Süleyman'a (Enbiya/21: 79) hem ilim hem de hikmet bahşedildiği bildirilmektedir. Bilgelik (hikmet), ahlak literatüründe bilgililiğe oranla daha fazla vurgulanan bir erdemdir. O derece ki, bilgelik Eflatun zamanından beri bilinen ve İslam ahlakçıları tarafından da benimsenen *fezail-i erbaa* (dört büyük erdem) denilen erdemlerin birincisidir. Bu anlayış zamanımızda da genellikle sürdürülmektedir. Örneğin, Ahmet Hamdi Akseki'ye göre, hikmet, "ahlak-ı hasenenin başıdır. Hakîm (hikmet sahibi) olan bir nefis, bütün fezaile sahip demektir." O, akıl gücüne ait bir fazilettir ve bu gücün doğru ile yanlışı, hak ile batılı, iyilik ve kötülüğü kolayca idrak edebilecek bir mertebede terbiye ve ıslah edilmesinden doğar (2016: 210).

Bilgelik, çok farklı anlamlarla tanımlanmakla birlikte ahlaki açıdan bakıldığında, doğru bilgi ile ona uygun doğru kararların, doğru hükümlerin ve doğru davranışların bilinmesi, kendi yaşantısında gerçekleştirilmesi ve başkalarına örnek olup öğütlenmesi gibi çok bileşenli bir anlama gelir. Bilgeliğin salt bilgiden temel farklarından biri, bilgelikte bilginin ona uygun eylemle tamamlanması, ilmin amelle birleştirilmesidir. Dolayısıyla bilgelik, bilgililikten daha fazla ve daha üstün bir erdemdir. Bilgelik, aynı zamanda kişinin yaptığı ahlaki davranış ve eylemlerinin nedenini, niçinini, arka planını, kısa ve uzun vadede sağlayacağı fayda ve zararları ölçüp biçebilme ve ona göre isabetli kararlar alabilme ve doğru hükümler verebilme becerisidir. Ali Fuad Başgil'in dediği gibi "insanın kıymet ve kuvveti, bilgisinin genişliğinde olmaktan çok benliğine sahip ve iradesine hakim olabilmesinde; iyi huylarında ve ruh terbiyesindedir." (2014: 16).

Hikmet, Kur'an'da da sıklıkla geçen bir kavramdır. Geçtiği yerlerden bazısında açıkça ahlaki bir anlam taşır. Bu tür ayetlerden birinde, bilgelik (hikmet) iyilik (hayır) ile irtibatlı gösterilmektedir: ***"O, dilediğine hikmeti verir ve kime hikmet verilirse o kimse birçok hayra nail olmuş demektir. Bunu ise ancak derin kavrayış sahibi olanlar düşünüp anlarlar."*** (Bakara/2: 269). Bu ayette, bilgelik erdemine sahip olan kişinin bilgeliğin sonucu olarak iyilik erdemine de sahip olacağı bildirilmektedir. Zaten bilgeliği kuru bilgililikten ayıran özelliklerden biri de, bilgililiğe ilaveten içerdiği bu iyilikseverlik ve iyilik yaparlıktır.

Bilgelikte, bilgisine uygun tutum ve davranışlar sergileyen örnek bir yaşantı içinde olmak şart olduğu gibi tercihlerinde, kararlarında, insanlar arasında çıkan çekişmeli durumlarla ilgili verdiği hükümlerde genellikle ölçülü ve isabetli olması beklenir. Bilge insan aynı zamanda bilgi birikimi ve tecrübesinden öteki insanları da yararlandıran, onlara örnek olan ve onların anlayabileceği güzel benzetmeler ve misallerle onlara öğüt vermekten geri durmayan kişidir. Peygamberimiz, bir hadisinde bilge kişinin çevresine yararlarını ve bundan dolayı kendisinin gıpta edilecek bir durumda olduğunu şöyle ifade etmiştir: *"Ancak iki kişiye gıpta edilir: Bunlar, Allah'ın kendisine mal verdiği ve onu hak yolunda harcayan kimse ile Allah'ın kendisine hikmet verdiği ve ona göre karar verip onu başkalarına da öğreten kimsedir."* (Buhari, Zekat, 5).

Bilge insanın, yaşanmakta olan olaylarla ilgili pratik yaklaşımları ve görüşlerindeki isabetliliğine basiret, gelecekte olması muhtemel olaylarla ilgili öngörülerindeki isabet ve ileri görüşlülüğüne de feraset denir. Bilge insan gelecekle ilgili öngörülerinde de tedbirli ve ihtiyatlıdır. Peygamberimiz bir hadisinde *"Müminin ferasetinden çekinin. Çünkü o Allah'ın nuruyla bakar."* (Tirmizi, Tefsirü'l-Kur'an, 15) demiş, bir başkasında da, *"Mümin, bir delikten iki kere ısırılmaz."* (Buhari, Edeb, 83) buyurmuş; aynı zamanda ferasetin kendi hayatında uygulamasını göstererek bize örnek olmuştur.

Bilgililik bahsinde de söylendiği üzere bilgililik ve bilgeliği, ilim ve hikmet sahibi olmayı, kendimizden çok uzak, bizim için erişilmesi imkânsız durumlar olarak düşünmemek gerekir. Her şeyin olduğu gibi bunların da dereceleri vardır. Kimi çok yüksek ve ileri derecelerine erişir kimi de daha az bir derecesine erişir. Ama sonuçta arzu eden herkes kendi gücü ve çabası nispetinde her erdem ve değerin belli bir oranına sahip olmayı başarır. Herkese gerekli olan da bu çaba ve gayrettir. Onun için daha erdemli olmak isteyen herkes, meslek olarak bu konulara yakın bir alanda çalışsın veya çalışmasın elinden geldiğince bilgisini artırmaya ve bilgeleşme yolunda ilerlemeye gayret etmelidir. Zira bilgelik, bir yönüyle de hayatı boyunca yaşadıkları ve tecrübe ettikleri üzerinde düşünmek ve ondan herkes için yararlı güzel dersler çıkarmak alışkanlığıdır. Peygamberimizin bir hadisinde de bilgeliğin bu yönü görülmektedir. Acı ve tatlı yaşam deneyimlerinin ve tecrübelerden ders çıkarmanın bilgeliğe katkısı bağlamında o şöyle demiştir: *"Tökezlemeyen halim, tecrübe edinmeyen hakîm olmaz."* (Tirmizi, Birr, 86).

Ali Fuat Başgil, bilgi birikimine ve ahlaki olgunluğuna güvenilen bilge insanlara danışmanın faydasıyla ve onların gerçekten isabetli öğütler verebilmeleriyle ilgili, kendi başından geçen güzel bir hatırasını şöyle anlatmaktadır:

"Birinci Dünya Savaşı'nda, dört buçuk sene Kafkaslarda cepheden cepheye koştuktan ve bu felaketlerle dolu savaşın bütün sefalet ve sıkıntısını çektikten sonra, nihayet İstanbul'da terhis edildim. Terhisimin ilk haftalarında müthiş bir aylaklık ve kararsızlık içinde kaldım. Ne yapmalı ve hayatta nasıl bir yol tutmalıydım? Yarım kalan öğrenimime devam mı etmeliydim; yoksa terhis edilen birçok arkadaşım gibi öğrenim hayatından vazgeçip iş hayatına mı atılmalıydım? İçimi kemiren bu kararsızlığı yenemiyor, bir türlü karar veremiyordum. Görüp konuştuğum kimseler beni hep öğrenim hayatından soğutuyor ve bir iş tutmaya teşvik ediyordu. Bir aralık, Sirkeci kahvelerinden birinde genç bir tüccar hemşerime rastladım. Mal almaya gelmiş. Bana ne yapacağımı ve ne iş tutacağımı sordu. Ben de kararsız olduğumu, fakat gönlümün öğrenim hayatına dönmeye aktığını söyledim.

'Şaşarım aklına, okuyup da kütüphane faresi olacağına, benim gibi iş yap da para kazan' dedi.

Sonradan hırsının kurbanı olup genç yaşında ölen bu tüccar hemşerimin sözleri, zaten sallanan içimi bütün bütün alt üst etti. Âdeta şaşkına dönmüştüm.

Sonunda, *bilgisine ve olgunluğuna* derin bir hürmet beslediğim ve kendisinden çok şey öğrendiğim, Şevketi Efendi isminde eski profesörlerden bir kişi vardı. Bu kişiyi ziyaret edip fikrini öğrenmeye karar verdim ve kendisini Çarşıkapı'daki evinde ziyaret ettim. Biraz sohbet ettikten sonra Hoca bana ne yapacağımı sordu. Ben de kendisine kararsızlığımı anlattım. Bana şunları söyledi: 'Kararsızlığı bırak ve tahsiline devam et. İnsan ihtiyarlığına kadar ömrünün her çağında iş hayatına atılabilir ve az çok başarılı olur. Fakat okuyup öğrenmenin belirli bir çağı vardır. Sen bugün bu çağdasın. Bu çağı geçirirsen ona bir daha dönemezsin ve yeteneğini heder etmiş olursun. Okuyup öğren de, sonra istersen tüccar ol. Bunda bir zararın olmaz.' Bu *bilgelik dolu sözler* üzerine kararımı verdim ve pişman olmadım." (Başgil, 2014: 78-79).

Her canlı olan heykeli âdem mi sanırsın
İnsanlığı bir şekl-i mücessem mi sanırsın?

MEHMET AKİF ERSOY, (1981: 572)

25. NEZAKET VE ZARAFET

25.1. NEZAKET

İyi ahlaklılıkta zirve noktalarda bulunmak isteyen kişi, diliyle veya eliyle hukuken yasak olan şeyler yapmadığı gibi, adab-ı muaşerete, görgü kurallarına aykırı şeyler de yapmamalı, aksine bunların ayrıntılarına da riayet etmelidir. Başka bir deyişle o, diliyle sert ve kırıcı, tutum ve davranışlarıyla kaba ve hoyrat davranışlı biri olmamalı; aksine görgülü, kibar, nazik, zarif biri olmalıdır. Nezaket yahut nazik olmak, insanın huyunu ve ahlakını süsleyici erdemlerin en güzellerinden biridir; o, insan ilişkilerinin sadece hukuk ve hatta orta düzey bir ahlak çerçevesinde değil, yüksek ahlak standartlarına göre âdeta sanat ve estetik kuralları çerçevesinde sürdürülmesidir. Nezaket, zarafetle birlikte yüksek ahlaki yaşamın en ince, en rafine, en yüksek yaşanması halidir.

Nezaket; görgülülük, edeplik, terbiyelilik, incelik, güler yüzlülük, tatlı dillilik, saygılılık, hoşgörülülük, kibarlık ve yumuşak davranışlılık gibi erdem ve özelliklerin bileşkesi iken, zıddı da katı yüreklilik, kaba davranışlılık ve görgüsüzlüktür. Nezaket ve zarafetin kaynağını ve özünü teşkil eden kavramlardan ve değerlerden biri edeptir. Edep, alınan ve özümsenen iyi bir eğitimin neticesinde toplum içinde beğenilen ve takdir edilen iyi tutum ve davranış kurallarına uygun hareket etme, insanlarla sağlıklı ve medeni ilişkiler kurabilme, yaptığı işi kuralına uygun ve güzel bir biçimde yapma anlamına gelir. Edep sahibi kişilere edepli denir. Edebin çoğulu adaptır; edepli yaşama sanatına kurallarına adab-ı muaşeret kuralları denir. Adab-ı muaşeret, üst düzey görgü kurallarıdır. Bu kuralların iyice incelmiş ve gelişmiş halini ise nezaket ve zarafet kuralları oluşturur. Nazik ve zarif insan, görgü kurallarını, edepli karakterinde içselleştirilmiş doğal haliyle ve bütün güzelliğiyle tüm yaşantısında sergileyen insandır.

Nezaket öncelikle, dil, söz, konuşma ve hitap edişin saygılılık, güzellik ve inceliğidir. Güzel söz konusunda Cenab-ı Hak şöyle buyurur: ***"Allah'ın nasıl bir misal getirdiğini görmedin mi? Güzel sözü, kökü sabit, dalları gökte olan güzel bir ağaca benzetti. O ağaç, rabbinin izniyle her zaman meyvesini verir. Öğüt alsınlar diye Allah insanlara böyle misaller getirmektedir. Kötü sözün misali de; kökü yerden sökülmüş, ayakta duramayan kötü bir ağaçtır."*** (İbrahim/14: 24-26). Peygamberimize göre mümin, iyi ve güzel sözlüdür, asla kaba ve kötü sözlü biri olamaz: *"Mümin, ne insanları karalayan, ne lanet eden, ne kaba ve kötü sözlü, ne de hayâsız birisidir."* (Tirmizi, Birr, 48).

Müslümanlar için nezaket ve zarafet gibi yüksek ahlak ve edebin ilk örneği de Peygamber Efendimizin kendisidir. Nezaket, görgülülük anlamına geldiği gibi yumuşak kalplilik ve ona uygun hassas davranışlılık anlamına da gelir. Şu ayet, Peygamberimizin şahsında, bu anlamda nezaket erdeminin hem gerçekleşmişliğini hem de faydasını bize hatırlatmaktadır: ***"Allah'ın rahmeti sayesinde sen onlara karşı yumuşak davrandın. Eğer kaba, katı yürekli olsaydın, onlar senin etrafından dağılıp giderlerdi..."*** (Al-i İmran/3: 159). Hz. Peygamberin nazik ve yumuşak davranışlılığı ve müminlere bu yöndeki tavsiyeleri sadece insanlarla da sınırlı değildi. O, hayvanlara bile yumuşak ve nazik davranılmasını istiyordu. Bir defasında bindiği devesinin hırçınlaşması üzerine, onu ileri geri çeken Hz. Aişe'ye, *"Ona yumuşak davran!"* demişti (Müslim, Birr, 79).

Nezaket ile nezahet ve nezafet kavramları da ilişkilidir. Nezahet ve nezafet de başta ahlak temizliği, iç temizliği olmak üzere her bakımdan temiz, lekesiz, kirden, pastan arınmışlık ve paklık anlamına gelirler. Nezahet ve nezafet de olgun bir insanın ve iyi bir müminin sahip olması gereken özelliklerdendir. İçte ve dışta temizliğin ve hassas davranışın önemi konusunda Sevgili Peygamberimiz bir hadis-i şeriflerinde çok güzel bir teşbihte bulunmuş, mümini arıya benzetmiştir. Ona göre, *"Mümin bal arısı gibidir. Temiz olanı yer, temiz olanı üretir, bir çiçeğe konduğunda onu kırıp bozmaz."* (İbn Hanbel, II, 199). Müminin insan ilişkileri de arı ve çiçek ilişkisi gibi nezaket ve zarafet çerçevesinde olmalıdır.

25.2. ZARAFET

Zarafet, nezaketin ikiz kardeşidir. Nezakete oranla daha genel ve daha üstün yönleri vardır. Zarafet yahut kibarlık, sadece sözlerinde değil tüm tutum ve davranışlarında yumuşaklık, incelik ve güzelliktir. Zarafet, erdemli ve sağlam karakterli kişinin, duygu, düşünce, tutum ve davranışlarının, hayattaki bütün eylemleri ve yapıp etmelerinin, muhataplarında saygı ve hayranlık uyandıracak bir görgülülük, terbiyelilik, içtenlik, iyilikseverlik, insancıllık, sevecenlik, seviyelilik, kültürlülük ve soyluluk gibi edepli ve estetik yaşama sanatı özelliklerinin en üst düzeyde yaşanması ve yansıtılmasıdır. Bu, iki insanın karşılaşmasıyla ve selamlaşmasıyla başlar ve o minval üzere birbirinden güzel hitaplar, konuşmalar ve davranışlarla devam eder. Daha selamlaşmada başlayacak nezaket ve zarafet şu ayette ne güzel öğretilmektedir: ***"Size bir selam verildiğinde ya daha güzeli ile veya dengi ile cevap verin. Allah her şeyin hesabını tutmaktadır."*** (Nisa/4: 86). İslam âlimleri, ahlak kitapları yazarken ve insanlara nasihat etmeye çalışırken bile zarafete azami dikkat göstermişlerdir. Örneğin, *Gülistan* adlı ünlü kitabının sonunda Sadi-i Şirazî, bu eserde "acı nasihat ilacını zarafet hapıyla karıştırdım." der (1983: 516).

Zarafet, normalin üstünde bir ahlak güzelliği, huy güzelliği, tutum ve davranış güzelliği, süzülüp damıtılarak arı duru hale gelmiş saf ve berrak bir karakter güzelliğidir. Zarafet, erdemli insan olma sanatında kıvama erişilen son noktalardan biridir. Zarif insanın, içi güzel, ruhu güzel, yüzü güleç, bakışları, bedeni, elbisesi temiz, dili tatlı, yürüyüşü ve tüm davranışları özenli ve oturaklıdır. Zarif insan, soy asaletine sahip olmasa bile, en az onlar kadar asil ruhlu ve asil davranışlı insandır. Kur'an'da Hucurat suresi ve Lokman suresindeki bazı ayetler başta olmak üzere adab-ı muaşeret ve onun üst düzeyi olan zarafetle ilgili pek çok tavsiye vardır. Örneğin, Lokman (a.s.)'ın oğluna tavsiyelerinden biri şöyledir: ***"Yavrucuğum... Gurura kapılarak insanlara burun kıvırma, ortalıkta çalım satarak yürüme; unutma ki Allah gurura kapılıp kendini beğenen hiç kimseyi sevmez. Yürüyüşünde ölçülü ol, sesini yükseltme..."*** (Lokman/31: 17-19).

Hz. Peygamber, bu husustaki sözlerinden birinde, *"Kime rıfktan (nezaketten, zarafetten) bir pay verilmişse o kimse hayırdan nasibini almış demektir. Rıfktan (zarafetten) mahrum olan kimse ise hayırdan da nasip almamış demektir."* (Tirmizi, Birr, 67; Müslim, Birr, 74) buyurarak nezaket ve zarafetin hayırla ve dolayısıyla ahlakla ilişkililiğine işaret etmiştir. Bir başka hadisinde de o, zarafetin güzellikle veya güzel ahlakla ilişkisini dile şöyle getirir: *"Rıfk (zarif davranış), işe güzellik katar. Rıfktan (zarafetten) yoksunluk ise işi kusurlu kılar."* (Müslim, Birr, 78). Zarafetin, güzelliğin, güzel huyluluk ve güzel davranışlılığın önemini vurgulayan başka birçok hadis vardır. Bunlardan bir başkasına göre, *"Muhakkak ki Allah güzeldir, güzelliği sever..."* (Müslim, İman, 147). *"Allah temizdir temizliği sever; kerem sahibidir keremi sever; cömerttir cömertliği sever"* (Tirmizi, Edeb, 41). *"Allah refik'tir; rıfkı (nezaketi, zarafeti, yumuşaklığı) sever. Kaba saba bir tavır karşısında esirgediğini, rıfk (nezaket, zarafet ve yumuşaklık) karşısında bol bol ihsan eder."* (İbn Hanbel, I, 112).

Peygamberimizin kendi zarafeti "onun tüm davranışlarına yansımaktaydı. Oturuşu, kalkışı, yemesi içmesi, giyimi kuşamı, konuşması susması, tebessümü tepkisi, saçı sakalı, kısaca her hal ve hareketi ayrı bir zarifti. Aslında olması gereken, yapay değil de tabii olan zarafet ve estetik bu değil miydi? Nitekim dostlarından Bera b. Azib, 'Kırmızı bir elbisenin içinde saçları güzelce taranmış halde Resulullah'tan (s.a.s.) daha güzel birini görmedim' demişti (Ebu Ya'la, *Müsned*,

VI, 187). Görenleri hayran bırakan zarif gülüşü tebessüm şeklindeydi ve yüzündeki bu tebessüm eksik olmazdı (Tirmizi, Menakıb, 10). Böylesine bir güzelliğe sahip olan Sevgili Peygamberimiz, *'Allah'ım! Benim yaratılışımı güzel kıldığın gibi ahlakımı da güzelleştir.'* (İbn Hanbel, I, 403) diye dua ederdi." (*Hadislerle İslam*, 7: 540).

İsbehani'nin *Hz. Peygamber'in Edeb ve Ahlakı* adlı eserindeki, "Güzel Kokuları Sevmesi ve Onlarla Kokulanması", "Yeni Elbisesini Giydiği Zamanlar", "Yüzüğü", "Aynası, Tarağı ve Başını Yağlaması", "Masası ve Sofrası", "Hediye Kabul Edip, Karşılığını Hediye Olarak Vermesi", "Güzel Sözü Sevmesi", gibi bölüm başlıkları altında anlattıkları, onun her halinin ve yaşamının bütünüyle zarafet örnekleriyle dolu olduğunu göstermektedir (bkz. İsbehani, 2009). Örneğin burada onun çiçek sevgisine bile değiniliyor olması, her yerde çok sık rastlanmayan, çok güzel, çok hoş bir özelliğidir. Enes b. Malik'in (r.a.) bildirdiğine göre, Hz. "Peygamber (s.a.s.), kına çiçeğinden hoşlanırdı." (Ahmed, III, 152; İsbehani, 2009: 178). Bu da onun sadece davranışlarında değil etrafı ve çevresinde de güzel şeyler görmekten hoşlanan ve bunu dile getiren gerçek bir zarafet örneği olduğunu göstermektedir.

O, kendisine düşmanlık besleyen ve ölümünü dileyen kötü niyetli kişilere karşı bile nezaketi elden bırakmayan bir zarafete sahipti. Öyle ki, "Bir gün Medine'deki bir grup Yahudi Hz. Peygamber'in yanına geldi. Bilinen selamlama cümlesi olan, 'es-Selamüaleyküm' ifadesini basit bir kelime oyunuyla değiştirerek 'es-Samüaleyküm' (Ölüm üzerinize olsun!) dediler ve Hz. Peygambere karşı büyük bir kabalık yaptılar. Orada bulunan müminlerin annesi Hz. Aişe, Yahudilerin bu kabalıkları karşısında kendini tutamadı ve onlara, 'Allah'ın laneti ve gazabı da sizin üzerinize olsun!' diye karşılık verdi. Bunun üzerine Şefkat ve Merhamet Elçisi (s.a.s.) eşine hitaben, *'Sakin ol ey Aişe! Kibar ve nazik olmalı, kaba davranmaktan ve çirkin konuşmaktan da sakınmalısın'* buyurdu" (Buhari, Edeb, 38). 'Onların ne söylediklerini duymadın mı?' diye soran Hz. Aişe'ye, Resulullah şu karşılığı verdi: *'Ben de onlara 've aleyküm' (sizin üzerine de) diyerek karşılık verdim ya!'* (Müslim, Selam, 11)."

İbn Hazm'a göre, eşlerin veya genel olarak insanların birbirine sevimli gelmeleri ve nihayet birbirini sevip dost olmaları, "vücuttaki zarafet, davranışlardaki incelik ve kibarca jestlerden ileri gelir" (2012: 159). Bu bağlamda, Peygamberimiz'in giyim kuşam zarafetine, Hz. Aişe validemizin de ona iltifat etme nezaketine şu hadise çok güzel bir örnek olsa gerektir. Hz. Peygamber bir gün siyah bir hırka giydiğinde Hz. Aişe ona şöyle dedi: "Senin beyaz tenin onun siyahını; onun siyahlığı da senin beyaz tenini güzelleştiren bu hırka, sana ne kadar güzel yakışmış!" (Ahmed b. Hanbel, VI, 132).

Halk içinde mu'teber bir nesne yok devlet gibi
Olmaya devlet cihânda bir nefes sıhhat gibi
Saltanat dedikleri ancak cihân gavgâsıdır
Olmaya baht u sa'âdet dünyede vahdet gibi

MUHİBBÎ / KANÛNÎ SULTAN SÜLEYMAN (ÇIPAN, 2005: 62)

26. MUTLULUK VE ŞÜKÜR

26.1. MUTLULUK

Mutluluk, insanların, "muhtelif ihtiyaçlarından bir kısmının veya tamamının tatmin edilmiş olmasından kaynaklanan sevinçli bir haldir" (Bilmen, 2007: 49). Sevinç veya sürur ise, "nefsin er ya da geç itmi'nan bulacağı bir haz ile yüreğinin ferahlamasıdır." Rahatlama veya ferah ise, "acil bir hazdan dolayı yüreğin ferahlaması olup fiziksel dünyevi hazlar için geçerlidir" (İsfahani, 2010: 255). İslam âlimlerine göre mutluluk, önce dünyevi ve uhrevi diye ikiye ayrılır. Dünyevi mutluluğun da üç kısım olduğu söylenir. Birincisi, bedeni mutluluktur ve bedenin sıhhati ve güzelliği ile ilgilidir. İkincisi, zahiri mutluluktur ve o, zenginlik ve servetle veya yüksek makam ve mevkii ile ilgilidir. Üçüncüsü ise ruhani mutluluktur. "Bu da fikirlerin ilim ile, amellerin faziletli ahlak ile olgunlaşmasından ibarettir. İşte ahlak noktasında asıl saadet de budur" (Bilmen, 2007: 49-50).

Dinin ve ahlakın en önemli amaçlarından biri, insana hidayet ve mutluluk yollarını göstermek, mutsuzluk yollarından da onu sakındırmaktır. Babanzade Ahmet Naim'in dediği gibi, "Kur'an'ın herhangi bir ayeti incelense, ya mantığında ya mefhumunda insanları hidayet ve fazilet yoluna sevk edecek, mutluluğa engel olan huy ve eylemlerden koruyacak uyarıları keşfetmekte güçlük çekilmez" (2010: 43).

Müslümanlar hem dünya mutluluğunu hem de ahiret mutluluğunu birlikte ister ve elde etmeye çabalarlar. Çünkü Bakara suresi 201. ayette geçen ***"Ey rabbimiz! Bize bu dünyada da iyilik ver, öteki dünyada da iyilik ver; bizi cehennem azabından koru."*** şeklindeki dua, doğru olanın her iki dünyada da iyilik ve mutluluk istemek olduğunu göstermektedir. Yine de, başta ruhani mutluluk olmak üzere dünyevi saadetin unsurları da önemli olmakla birlikte, Müslüman için daha önemli olan mutluluk türü ahiret mutluluğudur. Bunun elde edilebilmesi için iman, ibadet ve ahlak vazifelerini yerine getirmek ve sonra da Allah'tan ümitvar olmak gerekir. Nitekim Yüce Allah şöyle buyurmaktadır: ***"De ki: 'Ey kendi aleyhlerine olarak günahta haddi aşan kullarım! Allah'ın rahmetinden ümit kesmeyin. Allah (dilerse) bütün günahları bağışlar; doğrusu O çok bağışlayıcı, çok merhametlidir."*** (Zümer/39: 53).

Mutluluğa ulaşmanın birçok yolu vardır ve mutlu olmak isteyenler bu yollara başvurmaktan geri durmamalıdır. Dünyada ve ahirette mutlu olabilmenin yollarının başında, ahlaklı bir insan olmak ve çevremizdeki varlıklara iyilikte ve ihsanda bulunmak gelmektedir. Nitekim Peygamberimizin yaptığı dualardan ve dileklerden biri, ahlaki iyilik ve ruhsal sevinç halini birbiriyle irtibatlandırmakta ve ikisini birden talep etmektedir: *"Allah'ım! Beni, iyilik yaptıkları zaman sevinç duyan, kötülük yaptıkları zaman da bağışlanma dileyen kullarından eyle!"* (İbn Mace, Edeb, 57).

Bu hadis, mutluluğun yolunun erdemden ve iyilik yapmaktan geçtiğini göstermektedir. Şu ayet de, gönüllerin mutluluğa kavuşmasını, Allah'ı zikretmekle ilişkilendirmektedir: ***"Bunlar, iman edenler ve Allah'ı zikrederek gönülleri huzura kavuşanlardır. Bilesiniz ki gönüller ancak Allah'ı zikrederek huzura kavuşur."*** (Ra'd/13: 28). Mutluluk ve mutsuzlukla daha doğrudan ilişkili olan şu hadis ise, mutlu olmanın yolunu, kazaya rıza göstermekte görmektedir: *"İnsanoğlu, Allah'ın kendisine takdir ettiğine rıza gösterirse mutlu olur. Şayet, Allah'tan hayırlı olanı ummayı terk eder ve Allah'ın kendisi için takdir ettiğine kızıp isyan ederse bedbaht olur."* (Tirmizi, Kader, 15).

Hadis-i şerifler ebedî mutluluğun yolunu gösterdiği gibi dünyevi mutluluğun şifrelerini de vermektedir. Bu tür hadislerden birine göre, *"Üç şey insanoğlunun mutluluğundan, üç şey de insanoğlunun bedbahtlığındandır. İnsanoğlunun mutluluğundan olan şeyler; iyi bir eş, oturmaya müsait bir ev ve uygun bir binektir. İnsanoğlunun bedbahtlığından olan şeyler ise kötü bir eş, kötü bir ev ve kötü bir binektir."* (İbn Hanbel, I, 169).

Bu üçü arasında en önemli olan da herhalde iyi bir eş ile ilgili olandır. Çünkü mutluluk deyince birçok insanın aklına haklı olarak aile huzuru gelmektedir. Ailede eşler birbirini sevip mutlu olduklarında evleri de bir bina olmaktan çıkıp hem kendileri hem de çocukları için güvenli bir mutluluk yuvası haline gelmektedir. Bundan hareketle Peygamberimiz, aile mutluluğunu, eşlerin birbirine ahlaken iyi davranmasıyla, onu da imanlarının kemaliyle irtibatlı görmüştür: *"Müminlerin iman bakımından en olgun olanları, ahlakı en iyi olanlarıdır. Sizin en hayırlınız da hanımlarına karşı en iyi davrananınızdır."* (Tirmizi, Rada', 11).

Müslümanın mutluluk ve sevinç anlayışı sadece ailesiyle de sınırlı değildir. O, çevresi içinde de seven ve sevilen, girdiği ortama sevinç ve neşe, huzur ve mutluluk götüren bir kişidir. Zira bir hadiste böyle olunması tavsiye edilmektedir: *"Mümin cana yakındır. (İnsanlarla) yakınlık kurmayan ve kendisiyle yakınlık kurulamayan kimsede hayır yoktur."* (İbn Hanbel, II, 400). Toplum içinde sevecenlik, güler yüzlülük, iyimserlik, dost canlısı bir karaktere sahip olmak âdeta ibadetler gibi uhrevi neticeleri olan tutum ve davranışlardır. Peygamberimiz bir gün etrafındakilere demiştir ki, *"Kendisi cehennem ateşine cehennem ateşi de kendisine haram olan kişiyi size bildireyim mi? Cana yakın, yumuşak huylu, kolaylaştırıcı kimse."* (Tirmizi, Sıfatü'l-kıyame, 45).

İslam filozofları da erdem ve mutluluk arasında çok yakın ilişki görmüşlerdir. Örneğin Farabi, erdemli şehir, millet ve devleti, mutluluk amacı için birbiriyle yardımlaşan insanların eseri olarak görür. Ona göre, insanları "mutluluğun elde edildiği şeyler için birbirine yardım etmeyi amaçlayan bir şehir, erdemli, mükemmel bir şehirdir;

insanları mutluluğu elde etmek için birbirlerine yardım eden toplum, erdemli, mükemmel bir toplumdur. Bütün şehirleri kendileriyle mutluluğun elde edildiği şeyler için birbirine yardım eden bir millet, erdemli, mükemmel bir millettir." (1997: 100-101).

26.2. ŞÜKÜR

Erdemli bir karakter sahibi olmayı ve böylece faziletli bir hayat yaşamayı başaran bir Müslüman, mutlu olmayı veya en azından mutluluğun belki daha az yoğunluklu ama daha uzun süreli bir türevi olan huzurlu bir hayata sahip olmayı da başarır. Erdem ve mutluluğun bir kişide bulunmasına en büyük saadet (saadet-i uzma) denir. İşte bu en büyük saadeti gerçekleştiren insan için geriye âdeta son bir erdem kalmıştır: şükür. Hz. Peygamber, hangi malın hayırlı olduğunu soran Hz. Ömer'e, mal yerine, "şükreden bir kalp, zikreden bir dil ve ahiret hususunda yardımcı olacak imanlı bir eş" edinmesini tavsiye etmiştir (İbn Mace, Nihah, 5).

Şükretmek ve öteki manevi erdemler, müslümanın her zaman sahip olması gereken erdemlerdir. Bununla birlikte bir büyük başarıdan sonra gelen şükrün çok daha içten ve gönülden olacağı bellidir. Erdem ve mutluluğun birleşmişliğini gerçekleştirmek de elde edilebilecek büyük başarılardandır. Bu elbette onun başına hiçbir sıkıntı gelmeyeceği anlamına gelmez; ama o, sıkıntı anında hangi erdemlere sahip olacağını ve nasıl davranacağını da bilen kişidir. Onun hali Peygamberimizin şu hadiste belirttiği gibidir: *"Müminin durumu ne ilginçtir! Her hali kendisi için hayırlıdır. Bu durum yalnız mümine mahsustur. Başına sevinecek bir hal geldiğinde şükreder; bu onun için hayır olur. Başına bir sıkıntı geldiğinde ona sabreder; bu da onun için hayır olur."* (Müslim, Zühd, 64).

Şükür, manevi erdemlerin en önemlilerindendir. Zira Allah Teâlâ, kullarının kendisine şükretmesini istemektedir: ***"Artık siz beni anın ki ben de sizi anayım. Bana şükredin, bana nankörlük etmeyin!"*** (Bakara/2: 152). O, aynı zamanda, şükreden kullarına verdiği nimetleri daha da artıracağını bildirmektedir: ***"...Eğer şükrederseniz size (ni-***

metimi) daha çok vereceğim... (İbrahim/14: 7). Dolayısıyla şükreden aslında bir bakıma kendi faydası için şükretmiş olmaktadır. Nitekim bir ayette belirtildiğine göre Hz. Süleyman da öyle demektedir: "... ***Bu, şükür mü yoksa nankörlük mü edeceğim diye beni sınayan rabbimin bir lütfudur. Şükreden ancak kendisi için şükretmiş olur, nankörlük edene gelince, o bilsin ki rabbimin hiçbir şeye ihtiyacı yoktur, kerem sahibidir.*** " (Neml/27: 40).

Allah'a şükür, öncelikle ona kalpten ve samimiyetle inanmakla olur; bu inanç ve iman, Kur'an'da bir iyilik, bir erdem (birr) sayılmakta, çeşitli erdemlerin arasında sıralanmaktadır: "Yüzlerinizi doğuya veya batıya çevirmeniz erdemlilik değildir. Asıl erdemli kişi, Allah'a, ahirete ... iman eden...kimsedir." (Bakara/2: 177). İmandan sonra gelen bir başka manevi erdem, O'nun vahyettiği kitabı ve yarattığı kainatı üzerine düşünüp tefekkür etmek ve öğüt almaktır: ***"Bu bir mübarek kitaptır ki onu sana, insanlar ayetleri üzerinde iyice düşünsünler, akıl iz'an sahipleri ondan dersler, öğütler alsınlar diye indirdik."*** (Sad/38: 29).

Düşünüp ders alınacakların ve şükredileceklerin biri de O'nun yarattığı evrendir: "Kendi kendilerine bir düşünmezler mi? Allah gökleri, yeri ve bunlar arasında bulunanları ancak hikmet temelinde, belli bir süreye kadar kalmak üzere yaratmıştır. Fakat şu bir gerçek ki insanların birçoğu rablerine kavuşmayı hala inkâr etmektedir." (Rum/30: 8). Hayatımızı devam ettirmek için yiyip içtiğimiz nimetler üzerinde düşünmek özellikle şükre vesile olacaktır ve şükrün gereğidir: ***"Ektiğiniz tohumu düşündünüz mü? Onu siz mi bitiriyorsunuz yoksa biz miyiz bitiren? ... İçtiğiniz suyu düşündünüz mü? Onu buluttan siz mi indirdiniz yoksa biz miyiz indiren? Dileseydik onu tuzlu yapardık. O halde şükretmeli değil misiniz?"*** (Vakı'a/56: 63-70).

Şükür, Allah'a iman, tefekkür, teslimiyet (Bakara/2: 155-56), tevekkül (Al-i İmran/3: 160) ve benzeri manevi erdemlerle olduğu gibi, O'na O'nun istediği gibi kulluk etmekle (Rum/30: 17-18) ve özellikle de O'nu candan ve yürekten sevmekle olur: "Ey iman edenler! Sizden kim dininden dönerse bilsin ki Allah öyle bir kavim getirecektir ki Allah onları sever, onlar da Allah'ı severler..." (Maide/5: 54). Müminlerin Allah'a şükrü ve Allah sevgisi, başka hiçbir zümreninkiyle kıyaslanamaz, hepsinden üstündür: "İnsanlardan kimileri vardır ki, Allah'tan başka bazı varlıkları Allah'a denk tanrılar sayar da bunları Allah'ı sever gibi severler. İman edenler ise en çok Allah'ı severler..." (Bakara/2: 165).

"Kabul edilmesi şartıyla öğüt verme!
Karşılık verilmesi şartıyla iyilik yapma!
Mükâfatını almak kaydıyla bağış yapma!
Ama (bütün bunları) onurlu yaşayış;
nasihat, iyilik ve yardımseverlik görevini yerine
getirme adına yap!"

İBN HAZM (2012: 119)

SONUÇ

İçimizin en derinliklerinden yola çıkarak kalp temizliği ile başladığımız değerler ve erdemler yolculuğumuzu, adalet ve iyilikseverlik gibi toplumsal erdemlerle sürdürüp Allah'a şükür ve Allah sevgisi gibi manevi erdemlerle tamamlamış bulunuyoruz. Burada başlıklar halinde kısaca incelediğimiz değerler ve erdemler, İslam ahlakında tavsiye edilen erdemlerin tamamını kapsıyor değildir. Bununla birlikte, şunu belirtmekte yarar var ki, bu başlıklarda gözükmeyen bazı erdemler de, o başlıklar altında az veya çok ele alınmış durumdadır.

Örneğin, doğruluk başlığı altında ahde vefa, dürüstlük başlığı altında samimiyet, çalışkanlık başlığı altında işbirliği ve dayanışma, iffet başlığı altında sadakat, cömertlik başlığı altında îsar ve diğerkâmlık, iyilikseverlik başlığı altında yardımseverlik ve dayanışma, saygı başlığı altında haysiyet ve saygınlık, mertlik başlığı altında şeref ve onur, cesaret başlığı altında vatan sevgisi ve savunması, sabır başlığı altında metanet ve tahammül, kardeşlik başlığı altında iyi komşuluk, dostluk başlığı altında misafirperverlik, yumuşak huyluluk başlığı altında güler yüzlülük ve tatlı dillilik, bilgelik başlığı altında basiret ve feraset, istişare başlığı altında katılımcılık gibi değerler ve erdemlere de değinmeye çalıştık. Amacımız, başta kendimiz olmak üzere bu erdemleri en üst düzeyde yaşayan insanlardan oluşan -Farabi'nin tabiriyle- Erdemli Toplum veya Medinetü'l-Fâzıla arayışına bir nebze katkıda bulunmaktır. Daha önce de söylediğimiz gibi Kur'an'ın Müslümandan istediği, ortalama düzeyde ahlaklı olmak değil, ahlak ve iyilik konusunda bütün dünya ile yarışmak ve en ileride olmaktır. Bunun için erdemlerle ilgili durumumuzu sürekli gözden geçirerek geliştirmeye gayret etmek gerektiği aşikardır. Böyle bir gayret içinde olduğumuzda nelere dikkat etmemiz gerektiğine kısaca değinerek sözü tamamlamak belki daha yararlı olabilir.

Burada öncelikle şunu söylemek mümkündür ki, çoğumuz bu erdemlerin bir çoğunda doğuştan getirdiğimiz, yaratılışımız gereği ya da sonradan gösterdiğimiz gayret ve çabalar sonucu iyi durumdayızdır. Ama aslında genel olarak iyi ahlaklı insanların da bazen ahlaki huy ve davranışlarında bozulmalar olduğu görülür. Bunların ortak sebebi, ahlak âlimlerimizin belirttiğine göre, yaşamın gidişatında beklenmedik hızlı değişikliklerin olması ve kişinin bu duruma alışmakta zorluklar yaşamasıdır. Ahlaklılık düzeyini etkileyen bu ani değişikliklerin başlıcalarını hatırlamakta yarar vardır: 1) Yüksek makamlara gelmek. 2) Makamını kaybetmek. 3) Zenginleşmek. 4) Fakir ve muhtaç duruma düşmek. 5) Bir musibetle karşılaşıp üzüntülü ve kederli bir hale maruz kalmak. 6) Bir tehdit veya hakaretle karşılaşıp öfkelenmek. 7) Hastalanmak. 8) Yaşlanmak. İşte bunlardan biri ile karşılaşma neticesinde bozulan ahlakın düzelmesi, büyük ölçüde o durumun geçmesine bağlıdır. Bu yüzden, sorunun kaynağı ne ise onu çözmeye çalışmak en iyi yoldur. Ayrıca, sorunun bir başka kaynağı, yeni duruma adaptasyonda uyum zorluğu yaşamaktır. Bunun için de bilhassa zorluk ve sıkıntı kaynaklı değişikliklerde elden geldiğince sabır ve metanet erdemi üzerinde durarak bu erdemi en başarılı ve üstün düzeyde uygulamaya çalışmak gerekir (Maverdi, 1982: 391-95).

Bu tür özel durumların dışında ahlaki anlamda genel gidişatımızı iyileştirmek veya daha kısa sürede daha ileri düzeye yükseltmek için şu hususlara dikkat etmemiz yararlı olacaktır:

Ahlak eğitimi konusunda kendimizi sürekli yenilememiz ve geliştirmemiz gerekir. Doğruluk ve dürüstlük başta olmak üzere, her türlü ahlaki değer ve erdemle ilgili beşikten mezara kadar sürecek şekilde eğitim almak ve bilgi birikimimizi artırmak, o erdeme sahip olma ve onda her geçen gün daha da yetkinleşme konusunda gelişimimize katkıda bulunacaktır. "Hiç bilenlerle bilmeyenler bir olur mu?" ayeti (Zümer/39: 9) her konuda olduğu gibi ahlaki erdemler konusunda da geçerlidir. Bilhassa kendimizi geliştirmek istediğimiz erdemlerle ilgili bazı ayetleri ezberlemek ve gereğini yapmak için o ayetleri namazlarda okumak, kişinin kendi kendine sürdürebileceği sürekli eğitim yollarındandır.

Güzel ahlak konusunu ele alan eserlerin de sahibi olan İbn Hazm, kendi ahlaki kusurlarından kurtuluşunu riyazet yapmasına ve sürekli bilgi edinmesine bağlıyor ve şöyle diyor: "Benim de bazı kusurlarım vardı, riyazet yaparak, -Allah kendilerinden razı olsun- peygamberlerin, yeni ve eski filozofların önde gelenlerinin ahlak ve nefis terbiyesine dair söyledikleri hakkındaki bilgilerimi kullanarak bu kusurlarımı düzeltmeye gayret ettim." (2012: 91).

Ahlaki ilerleme için bilgimizi geliştirme yanında çevremizi geliştirmek de gerekir. Kişinin iyi insanlardan oluşan bir arkadaş çevresi olması, ister çocukken, ister gençken, isterse yetişkinken olsun, mutlaka daha iyi biri olmasında önemli rol oynayacaktır. Arkadaşlarından etkilenmeyen insan yok gibidir. İnsan, nasıl biri olmak istiyorsa, o özelliklere olabildiğince yetkin bir biçimde sahip olan kişilerden oluşan bir arkadaş çevresi edinmeye çalışmalıdır. Nitekim bir ayet-i kerimede doğru, dürüst, ahlaklı (sâdık) insanlarla beraber olunması tavsiye edilmekte, "Ey iman edenler! Allah'a karşı gelmekten sakının ve doğrularla beraber olun." (Tevbe/9: 119) denilmektedir.

İslam ahlakçıları da her fırsatta, iyi arkadaş ve dostun erdemlilik açısından önemini vurgulamaktadır. Örneğin yine İbn Hazm'ın ifadeleriyle, "Kim faziletleri kazanmak istiyorsa yalnızca fazilet sahibi kişilerle düşüp kalksın ve bu yolda sadece dostluk, iyilik, doğruluk, uyumluluk, sabır, vefa, güvenilirlik, ağırbaşlılık, vicdani temizlik, saf sevgi gibi faziletlere sahip olan değerli bir dostla arkadaşlık kursun." (2012: 63)

Ahlaki değerleri değişmez karaktere dönüştürmek ve onlarda ilerlemek isteyen insan, onları inanç sisteminin ve dünya görüşünün değişmez hayat prensibi ve ahlak ilkesi haline getirmeli ve bu ilkeye bağlı kalma konusunda irade gücünün desteğinden yardım alınmalıdır. Yeme içme gibi bedensel arzularında insanların bazısı daha güçlü bir iradeye sahipken ve bu sayede daha sağlam bir öz-denetim ve disiplin içinde yaşayabiliyorken başka bazı insanlar daha zayıf iradelidirler. Daha insana yakışır olgunlukta bir yaşam sürmek isteyenlerin, kendilerini nefsani dürtülerin akışına bırakmaması gerekir. Bunun için de oruç gibi ibadetler ve benzeri uygulamalarla iradesini güçlendirmeli ve nefsinin isteklerine karşı durmada iradesinden ve aklından yardım almalıdır. İrade onu meşru sınırlar içinde tutmaya çalışırken akıl da bunun dünyevi ve uhrevi yararlarını hatırlatarak irade gücünü yalnız bırakmamalı ve anlamsız bir baskı gücüne dönüştürmemelidir.

Çok eski zamanlardan beri, ahlaki erdemlerin kazanılması ve kalıcı hale getirilmesinde alışkanlık haline getirmenin önemi bilinmektedir. Çeşitli erdemler konusunda kendini geliştirmek isteyen kişi, bunu önce düşünüp taşınarak, iradesini kullanarak ve biraz zorlanarak yapıyor olsa da bunda ısrar etmesi ve her fırsatta erdemlilikte kararlı olması durumunda, o erdem er-geç önce alışkanlığı daha sonra da değişmez bir huyu ve melekesi haline gelecektir. Meleke haline geldikten sonra ise bir daha üzerinde fazla düşünme taşınma ihtiyacı bile hissetmeden erdemliliğin gereği neyse onu kolaylıkla yerine getirmiş olacaktır.

Erdemleri yaşamaya çalışan kişi aynı zamanda yaymaya da çalışmalıdır. Yaymaya çalışma gayreti, yaşamasını da kolaylaştıracaktır. Ancak bunu yaparken hiçbir çıkar ve benzeri beklenti içinde olmamalıdır. Bazı ahlakçılar bu konuda şöyle tavsiyede bulunurlar: "Kabul edilmesi şartıyla öğüt verme! Karşılık verilmesi şartıyla iyilik yapma! Mükâfatını almak kaydıyla bağış yapma! Ama (bütün bunları) onurlu yaşayış; nasihat, iyilik ve yardımseverlik görevini yerine getirme adına yap!" (İbn Hazm, 2012: 119). İsfahani'ye göre de ahlaklı insan, "İşlediği amelle dünyevi bir çıkar elde etmeyi ya da dünyevi bir belayı savmayı düşünmemelidir. Aksi taktirde yaptığı amelle ticaret yapan bir tüccar gibi olur." (2010: 107). Aslında ahlaklılığın dünyada insana sağladığı birtakım faydalar elbette varsa da, bunlar ahlaklılık için başlıbaşına bir amaç değil, sonuçta ortaya çıkan ödüllerdir. Erdemli kişi, ahlaklı davranışı, ille de dünyevi faydalarından dolayı yapmaz; onlar gerçekleşmeyecek olsa da o kişi, ahlaklı davranmaya devam eder. Bununla birlikte ahlaklılığın neticesinde vicdan huzuru, aile mutluluğu, toplumsal barış ve benzeri pek çok faydalar genellikle ortaya çıkar.

Ahlaken kendini geliştirmek isteyen insan, her gün, geceleri gündüzleri yaptıklarının muhasebesini yapmalıdır. Eğer muhasebe yaparken gündüz yaptığı işi faydalı bulursa onu ve benzerlerini sürdürür. Eğer kötü bulursa mümkünse yaptığını telafi eder ve ileride bunun benzerinden sakınır (Maverdi, 1982: 582). İmam Gazali bu konuda biraz daha ayrıntıya iner ve bir defter tutulmasını önerir. Ona göre, manen ve ahlaken kendini geliştirmek isteyen kişinin "özel bir defteri olmalı, bu defterine kurtarıcı sıfatlar ile tüm mâsiyet ve tâatları kaydedip hergün nefsini bu defterdeki bilgiler ışığı altında sîgaya çekmelidir. Helak eden sıfatlardan yalnız on tanesine bakması da yeter, çünkü bu on taneden yakasını kurtarırsa diğerlerinden de kurtarır. Bunlar: 1) Cimrilik, 2) Kibir, 3) Ucup, 4) Riyakârlık, 5) Hased, kıskançlık, 6) Aşırı gazap, 7) Oburluk, 8) Cinsel ilişki histerisi, 9) Mal sevgisi, 10 İtibar sevdasıdır. Kurtarıcı vasıflardan da şu on taneyi denetlemesi gerekir: 1) Günahlardan pişmanlık duymak, 2) Belalara sabır, 3) Kazaya rıza, 4) Nimetlere şükür, 5) Havf ve recanın dengeli olması, 6) Dünyaya karşı zahitlik, 7) Amellerde ihlas, 8) İnsanlarla iyi geçinme, 9) Allah sevgisi, 10) Allah için huşu göstermek." (2008: 4/870).

Bu yoldaki insan, kendi durumunu inceleyip değerlendirdiği gibi başkalarının durumlarını da incelemeli ve ders almalıdır. Zira başkasını değerlendirirken kişi daha tarafsız olacağından doğruyu bulmak daha kolay olur. Düşünüp değerlendirmesi neticesinde başkasında kötü bir davranış olduğunu tasavvur eden kişi, kendisini bundan sakındırmaya gayret eder; onda güzel bir davranış olduğuna karar veren kişi, kendisini de o güzel davranışla süslemeye çalışır (Maverdi, 1982: 583).

Bütün bu güzel erdemleri ödünsüz ve istisnasız bir biçimde yaşayarak bir ömrü erdemli, mutlu ve şükürle tamamlamak için yaşadığı toplumun da, bozuk değil erdemli bir toplum olması büyük kolaylık sağlar. Doğruluk ve adaletin üstün bir değer sayıldığı, yalancılık ve haksızlık türlerinin hoş karşılanmayıp şiddetle kınandığı, yardımseverlik ve dayanışmanın teşvik edildiği temiz bir toplumda yaşamak, erdemli bir ömür sürmeyi ve bu konuda her geçen gün kemal yolunda ilerlemeyi hiç kuşkusuz kolaylaştıracaktır. Kişilerin daha rahatça ve daha ileri düzeyde erdemli olmaları ve ahlaklı kalmaları; içinde yaşadıkları kültürün bütün ögelerinin ve havasını teneffüs ettikleri manevi iklimin, dürüstlük, adalet, iyilikseverlik ve sevgi gibi büyük erdemlere ve hatta nezaket ve zarafet gibi üst düzey tamamlayıcı ve güzelleştirici erdemlere uygun bir durumda olması gerekir. Bunlar ve benzeri hususlara dikkat edildiğinde, Kur'an'da Cenâb-ı Hakk'ın Müslümanlardan istediği ahlak yarışında (Mâide/5: 48) en ileride olmak (Fâtır/35: 32) Allah'ın izni ve inayetiyle hiç de zor olmasa gerektir. Müslümana yakışan da budur!

KAYNAKLAR

Kur'an Yolu Meali, (2016), Hazırlayanlar: Hayrettin Karaman ve diğerleri, Ankara: Diyanet İşleri Başkanlığı Yayınları.

Kur'an-ı Kerim Meali, (2009), Hazırlayanlar: Halil Altuntaş, Muzaffer Şahin, Ankara: Diyanet İşleri Başkanlığı Yayınları.

Hadislerle İslam, (2013), Komisyon, Ankara: Diyanet İşleri Başkanlığı Yayınları.

Akseki, Ahmed Hamdi, (2016), *Ahlak Dersleri*, İstanbul: Diyanet İşleri Başkanlığı Yayınları.

Aydın, Muhammet Şevki ve Cemil Osmanoğlu, (2015), *Kültürlerarası Din Eğitimi*, Ankara: Nobel Yayıncılık.

Aynî, Mehmed Ali, (2013), *Ahlak Dersleri*, haz. İsmail Dervişoğlu, Emir Hüseyin Yiğit, İstanbul: Büyüyenay Yayınları.

Başgil, Ali Fuad, (2014), *Gençlerle Başbaşa*, İstanbul: Yağmur Yayınları.

Bayraklı, Bayraktar, (2011), *Kur'an Ahlakı*, İstanbul: Bayraklı Yayınları.

Bilmen, Ömer Nasuhi, (2007), *Yüksek İslam Ahlakı*, İstanbul: Timaş Yayınları.

Çıpan, Mustafa, (2005), *Bir Safâ Bahşedelim: Klasik Türk Şiirinden Seçmeler*, İstanbul: Konya Büyükşehir Belediyesi Kültür yayınları.

Draz, M. Abdullah, (2002), *Kur'an Ahlakı*, çev. Emrullah Yüksel, Ünver Günay, İstanbul: İz Yayıncılık.

Emre, Yunus, (2006), *Yunus Emre: Hayatı ve Bütün Şiirleri*, haz. Abdülbaki Gölpınarlı, İstanbul: Türkiye İş Bankası Kültür Yayınları.

Ersoy, Mehmet Akif, (1981), *Safahat*, İstanbul: İnkılap ve Aka.

El-Farabi, Ebu Nasr, (1997), *İdeal Devlet: el-Medinetü'l-Fâzıla*, çev. Ahmet Arslan, Ankara: Vadi Yayınları.

Fayda, Mustafa, (1989), "Aişe", *Türkiye Diyanet Vakfı İslam Ansiklopedisi*, İstanbul: T.D.V. Yayınları.

Gazali, Hüccetü'l-İslam İmam, (2008), *İhya'u Ulum'id-Din*, çev. Sıtkı Gülle, İstanbul: Huzur Yayınevi.

Güngör, Erol, (2010), *Ahlak Psikolojisi ve Sosyal Ahlak*, İstanbul: Ötüken Neşriyat.

Helminski, Camille Adams, (2004), *the Book of Character*, Bristol, England: The Book Foundation.

Hökelekli, Hayati, (2013), *Psikoloji, Din ve Eğitim Yönüyle İnsani Değerler*, İstanbul: Değerler Eğitimi Merkezi Yayınları.

İbn Hazm, (2012), *Ahlak ve Davranış Tarzları: Nefislerdeki Ahlaki Hastalıkların Tedavisi*, çev. Mustafa Çağrıcı, Ankara: Türkiye Diyanet Vakfı Yayınları.

İbn Miskeveyh, (2013), *Tehzibu'l-Ahlak: Ahlak Eğitimi*, çev. Abdulkadir Şener, Cihat Tunç, İsmat Kayaoğlu, İstanbul: Büyüyenay Yayınları.

El-İsbehani, Ebu'ş-Şeyh, (2009), *Hz. Peygamberin Edeb ve Ahlakı*, çev. Naim Erdoğan, İstanbul: İz Yayıncılık.

El-İsfahani, Ragıb, (2010), *Erdemli Yol (ez-Zeri'a ila mekarimi'ş-Şeri'a)*, çev. Muharrem Tan, İstanbul: İz Yayıncılık.

Kandemir, M. Yaşar, (1997), "Hatice", *Türkiye Diyanet Vakfı İslam Ansiklopedisi*, İstanbul: T.D.V. Yayınları.

Kant, Immanuel, (2002), *Ahlak Metafiziğinin Temellendirilmesi*, çev. İonna Kuçuradi, Ankara: Türkiye Felsefe Kurumu Yayınları.

Kınalızade Ali Efendi, (t.y.), *Ahlak: Ahlak-ı Alâ'î*, Haz. Hüseyin Algül, Y.y.: Tercüman 1001 Temel Eser.

Kısakürek, Necip Fazıl, (2008), *Çile*, İstanbul: Büyük Doğu Yayınları.

El-Maverdi, İmam Ebu'l-Hasan, (1982), *Edeb'üd-Dünya ve'd-Din (İslamda Dünya ve Din Edebi)*, çev. Ali Akın, İstanbul: Temel Neşriyat.

Mevlana, Celaleddin, (1985), *Mesnevi ve Şerhi*, Şerheden: Abdülbaki Gölpınarlı, İstanbul: M.E.G.S.B. Yayınları.

Naim, Babanzade Ahmet, (2010), *İslam Ahlakının Esasları*, sadeleştiren: Recep Kılıç, Ankara: Türkiye Diyanet Vakfı Yayınları.

Soykut, İ. Hilmi, (1968), *Unutulmaz Mısralar*, İstanbul: Sönmez Neşriyat.

Şirazi, Şeyh Sadi-i, (1983), *Bostan ve Gülistan*, çev. Kilisli Rifat Bilge, İstanbul: Meral Yayınevi.

Tarhan, Nevzat, (2011), *Güzel İnsan Modeli*, İstanbul: Timaş Yayınları.

Topçu, Nurettin, (2012), *Ahlak*, Haz. Ezel Erverdi, İsmail Kara, İstanbul: Dergah Yayınları.

Tusî, Nasîruddin, (2007), *Ahlak-ı Nâsırî*, çev. Anar Gafarov, Zaur Şükürov, İstanbul: Litera Yayıncılık.

Ülken, Hilmi Ziya, (2012), *Aşk Ahlakı*, İstanbul: Türkiye İş Bankası Kültür Yayınları.

Yaran, Cafer Sadık, (2010), *Ahlak ve Etik*, İstanbul: Rağbet Yayınları.

İNDEKS